Theologische Wissenschaft

Sammelwerk für Studium und Beruf

Herausgegeben von

Carl Andresen †
Werner Jetter
Wilfried Joest
Otto Kaiser
Eduard Lohse
Adolf Martin Ritter

Band 14,5

Gillian R. Evans

Philosophie und Theologie II

Mittelalter

Verlag W. Kohlhammer
Stuttgart Berlin Köln

Übersetzung aus dem Englischen von Mara Huber
Herausgegeben von Adolf Martin Ritter

Die Deutsche Bibliothek – CIP-Einheitsaufnahme

Philosophie und Theologie. - Stuttgart ; Berlin ; Köln : Kohlhammer.
2. Mittelalter / Gillian R. Evans. [Übers. aus dem Engl. von Mara Huber. Hrsg. von Adolf Martin Ritter]. - 1994
(Theologische Wissenschaft ; Bd. 14,5)
ISBN 3-17-011410-7
NE: Evans, Gillian R.; Ritter, Adolf Martin [Hrsg.]; GT

Stuttgart Berlin Köln
Verlagsort: Stuttgart
Umschlag: Studio 23
Gesamtherstellung:
W. Kohlhammer Druckerei GmbH + Co. Stuttgart
Printed in Germany

Inhaltsverzeichnis

Abkürzungsverzeichnis

AHDLMA	Archives d'histoire doctrinale et littéraire du moyen âge
CCCM	Corpus Christianorum Continuatio Medievalis
CHLGEMP	Cambridge History of Later Greek and Early Mediaeval Philosophy, ed. A.H. Armstrong, Cambridge 1970
CHLMP	Cambridge History of Later Mediaeval Philosophy, ed. N. Netzmann, A. Kenny and A. Pinborg, Cambridge 1982
C.Iul.	Augustin, Wider Julian
CSEL	Corpus Scriptorum Ecclesiasticorum Latinorum
De civ.Dei	Augustin, Über die Gottesstadt
De doct.chr.	Augustin, Über die christliche Lehre
De trinitate	Augustin, Über die Trinität
De vera religione	Augustin, Über die wahre Religion
GP	Gilbert of Poitiers, Commentaries on Boethius, ed. N.M. Häring, Toronto 1966
Huygens	T. Huygens, Accessus ad Auctores, Leiden 1970
„I divieti"	M. Grabmann, „I divieti ecclesiastici di Aristotele sotto Innocenzio Ill e Gregorio IX', Miscellanea Historiae Pontificiae, 7, Rome 1941
K	Grammatici Latini, ed. H. Keil (8 vols), Leipzig 1855–80
Lafleur	C. Lafleur, ed., Quatre introductions à la philosophie au xiiie siècle, Montreal/Paris 1988
Lottin	O. Lottin, Psychologie et morale aux xiie et xiiie siècles, V, Gembloux 1959
PG	Patrologia Graeca
PL	Patrologia Latina
S	Anselm von Canterbury, Opera Omnia, ed. F.S. Schmitt, Rome/Edinburgh 1938–69
TC	Thierry of Chartres, Commentaries on Boethius, ed. N.M. Häring, Toronto 1971

Vorwort

In Band 14,4 dieser Reihe beschreibt Christopher Stead die Entwicklung der Beziehung zwischen Philosophie und christlicher Theologie in den ersten christlichen Jahrhunderten. Er endet bei Augustinus. Augustinus muß jedoch auch unser Ausgangspunkt sein, denn kein anderer christlicher oder weltlicher Autor wurde im ganzen Mittelalter mehr gelesen, keiner hatte größeren Einfluß auf das Denken abendländischer Gelehrter, die versuchten, zunächst im Griechischen geprägte und entwickelte Begriffe sinnvoll im Lateinischen zu verwenden. Der vorliegende Band befaßt sich vor allem mit der westlichen Tradition, zum Teil aus Platzgründen. Selbst für diesen geographisch begrenzten Raum kann das Wachsen der Beziehung zwischen Philosophie und Theologie nicht anders als äußerst selektiv dargestellt werden. Freilich müßten wir uns in jedem Fall auf das Abendland beschränken, weil hier in jener Zeit das Zentrum der philosophischen Entwicklung lag. Nach den Jahrhunderten der Antike entwickelte das byzantinische Christentum in der theologischen Forschung seinen eigenen Traditionsstrang. Beide Stränge hatten es nicht leicht, in Verbindung zu bleiben, denn nach dem 6. Jahrhundert kannten nur wenige Gelehrte sowohl Griechisch als auch Latein; und nach 1054 spalteten sich die griechische und die lateinische Kirche und hatten kaum mehr Gemeinschaft miteinander.

Die Art der Byzantiner, Theologie als Wissenschaft zu betreiben, legte einen starken Akzent auf die Mystik. Sie knüpfte stärker und direkter an den späten Platonismus an, als der Westen dies konnte, der seinerseits Aristoteles stark rezipieren sollte. Ohne in der Lehre wesentlich voneinander abzuweichen, außer in der Frage um den Ausgang des heiligen Geistes und einigen weniger wichtigen Fragen (etwa der Verwendung von gesäuertem oder ungesäuertem Brot in der Eucharistie und dem Problem, ob im Purgatorium mit Feuer geläutert werde), bekamen die beiden Kirchen eine subtil, aber unleugbar unterschiedliche intellektuelle Färbung. Beim Konzil von Florenz (1438–1445), als ein ernsthafter Versuch unternommen wurde, die beiden Kirchen wieder zu vereinen, wurde auf dramatische Weise offenkundig, daß sie nicht nur zwei verschiedene Sprachen hatten, sondern zwei verschiedene Denkweisen.

Wenn wir uns mit nur wenigen Blicken auf den griechischen Osten begnügen, können wir die viel breitere Palette von Themen betrachten, mit denen die Philosophie sich in unserer Periode befaßte – breiter sogar als in der Spätantike. Im 12. Jahrhundert traf der Kanoniker Hugo von St. Viktor (um 1096–1141), der in Paris lehrte, eine Unterscheidung zwischen den Aspekten der Theologie, die das Sein und die Natur Gottes, seine Einheit und die Erschaffung der Welt betreffen, und denjenigen, zu deren Erkenntnis wir die Offenbarung der heiligen Schrift benötigen. Die erste Gruppe umfaßt den Hauptteil der aktuellen philosophisch-theologischen Fragen in der Spätantike und dem frühen Christentum – was Boethius im 6. Jahrhundert unter *theologia* verstand. Diese Fragen waren im Mittelalter noch immer sehr aktuell; neue Aspekte kamen durch das mittelalterliche Verständnis der aristotelischen Begriffe Ziel und Zweck, Potentialität und Aktualität, Verursachung, Ursprung und Quelle sowie den Wissenschaftsbegriff hinzu.

Im mittleren und späten 13. Jahrhundert finden wir Theologen und Spezialisten für Philosophie an den Universitäten gleichermaßen beschäftigt mit Fragen über das Wissen des Menschen von Gott-an-sich, die göttliche Einfachheit, Ideen im Geist Gottes, Idee und Wesen, die Ewigkeit der Welt, die Natur der Materie, die Elemente, die (ewige) Seligkeit und so praxisnahe wissenschaftliche Themen wie die Bewegung des Herzens. Ebenso behandelten sie – und manchmal in denselben Büchern – Gnade, Kirche, Sakramente usw., wobei sie philosophische Kategorien und Methoden verwendeten. Vor allem an die Werke aus den letzten mittelalterlichen Jahrhunderten knüpften die Auseinandersetzungen der Reformation an, mit denen sich Band 14,6 dieser Reihe einleitend beschäftigt.

Der vorliegende Band beginnt mit der Frage der Beziehung zwischen Philosophie und Theologie, in der durch das gesamte Mittelalter hindurch verschiedene Meinungen verfochten wurden. Dann kommen wir zu den klassischen Quellen, die der mittelalterliche Gelehrte benutzen konnte, wenn er die theologischen Implikationen der Philosophie studieren wollte. Teil I endet mit einem Überblick über die Probleme von Logik und Sprache sowie ihre epistemologischen Wurzeln, die sich aus dem Studium des *trivium* mit Grammatik, Logik und Rhetorik ergaben. Sie waren das Grundstudium für mittelalterliche Gelehrte und vielleicht der Bereich, in dem das Mittelalter seine scharfsinnigsten und originellsten Leistungen erbrachte. In Teil II entspricht die Reihenfolge der Themen grob der Gliederung der *summa,* der systematischen Enzyklopädie der Theologie, die sich vom 12. Jahrhundert an in lehrbuchartigem Rahmen entwickelte. Ziel dieser Anordnung des Stoffes ist es, den modernen Leser auf ähnliche Weise in die mittelalterliche Gedankenwelt einzuführen, wie der mittelalterliche Student sie kennenlernte.

Teil I

I. Philosophie und Theologie

1. Der Begriff der Philosophie

Wenn Christen von „Philosophie" sprachen, dann meinten sie zur Zeit des Augustinus nicht dasselbe wie tausend Jahre später. Mittelalterliche Leser hatten weitgehend die gleichen Lehrbücher zur Verfügung, die schon zur Zeit des Augustinus als Klassiker zu diesem Thema galten. Doch sie lebten nicht mehr in einer Welt, in der „Philosoph-Sein" eine praktische Alternative zu Christsein war und in der man Menschen begegnen und mit ihnen sprechen konnte, die diese Wahl getroffen hatten. Im Mittelalter war Philosophie weitgehend ein akademisches Studium und beschränkte sich in der Hauptsache auf Themen, über die die erhaltenen antiken Lehrbücher unterrichteten. Sie war nicht mehr auf dieselbe Weise eine lebendige, dynamische Disziplin wie in den ersten christlichen Jahrhunderten, als rivalisierende Schulen und Parteien entstanden und untergingen und als die Unternehmungslustigen ständig neue Abwandlungen platonischer, aristotelischer und stoischer Ideen ausprobierten. Das soll nicht heißen, daß im Mittelalter keine wichtige neue Arbeit in der Philosophie geleistet worden wäre. Doch dies geschah sozusagen stückchenweise; man schob an bestimmten Punkten Grenzen hinaus, aber man schuf keine neuen Lebens- und Denksysteme.

Die philosophischen Systeme, die Augustinus kannte, gingen nicht nur den Intellekt an, sondern waren auch praktisch und moralisch. Sie waren generell darauf angelegt, ihre Anhänger in Tugend durch das Leben zu leiten, auf ein Ziel des Glücks hin (Aristoteles machte das Glück zum *telos* oder Ziel, die Stoiker hingegen neigten dazu, Tugend als ein Ziel in sich zu sehen). Augustinus hatte Varros inzwischen verschollenes Buch über 288 tatsächliche oder mögliche Philosophien gelesen *(De civ.Dei,* XIX.i.2). Sie alle setzten dem Menschen das „glückselige Leben", *beata vita* als Ziel, das es auf die eine oder andere Weise zu erreichen galt.

Augustinus selbst hielt es nicht für unangebracht, in den ersten Monaten nach seiner Bekehrung ein Buch *De Beata Vita* zu schreiben, in dem er freien Gebrauch von allem machte, was er bei den Philosophen für hilfreich und zu seinem christlichen Glauben passend befand. Es war auch kein Widerspruch für den philosophisch denkenden Christen, zumindest teilweise den Begriff des Göttlichen zu übernehmen, den die Philosophen als befriedigend erkannt hatten – gleichsam jeder Eigenschaft entleert, außer denen der Gutheit, Schönheit, Wahrheit und Gerechtigkeit, manchmal auf reines Sein reduziert, manchmal selbst dieser Vorstellung entleert.[1] Es war daher weder schwierig noch von vornherein anstößig, ein solches höchstes Wesen mit dem Gott der Christen zu identifizieren. Hierin lag kein Synkretismus. Man war einfach der Ansicht, zum Beispiel Plato sei mit dem natürlichen Verstand zu jenem wirklichen, aber beschränkten Verständnis der Natur Gottes gekommen, das, wie Paulus schreibt, durch die Betrachtung seiner Schöpfung zu erreichen ist (Röm. 1,19–20). Wenn Philosophen meinten, das selige Leben werde von denen erlangt, die danach strebten, sich so hoch wie möglich über ihre niedere Natur zu erheben und Gott in einer Ruhe nachzuahmen, die weltlichen Begierden und weltlichem Ehrgeiz den Rücken kehrte, so brauchten Christen nichts dagegen zu haben. Sie wollten wahrscheinlich weitergehen. Doch sie konnten solch philosophisches Streben als mit dem ihren verträgliche Anstrengung anderer Wanderer auf dem gleichen Weg begreifen. Für jene Philosophen, die an die Unsterblichkeit der Seele glaubten, war das selige Leben nicht auf die Gegenwart beschränkt, sondern über dieses Leben hinaus verlängert und fand erst dort seine eigentliche Erfüllung. Auch hier standen sie nicht notwendigerweise im Widerspruch zu den Christen (obwohl es wesentliche Unterschiede gab, wie wir sehen werden). Das Christentum war in diesem Sinn selbst eine Philosophie.

Wir müssen uns Boethius (um 480–524, Philosoph und Staatsmann) zuwenden, um das Thema der Philosophie als Lebensführerin zu verfolgen, zumindest im Westen.[2] Der *Trost der Philosophie (De consolatione philosophiae)* war eine anständige Herausforderung für christliche Gelehrte, weil er einen Boethius zu zeigen schien, der wohl Christ gewesen war, als er seine theologischen Abhandlungen schrieb, aber unter dem Druck der philosophischen Gefangenschaft und der Verzweiflung an seinem Lebensende zur Philosophie zurückkehrte. In seinem Dialog mit einer Philosophia, die stark verändert werden muß, bevor sie mit der Sapientia, der heiligen Weisheit des Alten Testaments, oder mit dem Christus des Neuen Testaments verglichen werden kann[3], wird Boethius zunächst gezeigt, daß er nicht den Glauben an die letztlich wohlwollende Absicht und bleibende Macht der Vorsehung verlieren muß, nur weil sein eigenes Leben jetzt der unbeständigen Glücksgöttin Fortuna ausgeliefert zu sein scheint. Dann hat er eine Diskussion zu bestehen über die Frage, wie die Einzelheiten des menschlichen Schicksals als letztlich abhängig von einer göttlichen, unwandelbaren Einfachheit erkannt werden können, und einer Auslotung des Problems standzuhalten, wie das göttliche Vorherwissen sich zur Freiheit des Menschen verhält. Nichts, das Boethius schreibt, ist unvereinbar damit, daß er weiterhin Christ ist. Aber seine Führerin ist Philosophia – sie bringt ihm einen Trost, der letztlich auf Resignation und einem intellektuellen Verstehen der wesentlichen Geordnetheit dessen beruht, was ihm zuvor wie eine willkürliche und ungeordnete Folge von Katastrophen vorgekommen war.

Boethius' *Consolatio* wurde von karolingischen Autoren gelesen und kommentiert; unter ihnen befand sich Remigius von Auxerre (um 841– um 908), der aus alten Texten Philosophie zusammenstückte. Die *Consolatio* wurde in der gleichen Periode in mehrere Volkssprachen übersetzt. Dennoch konnte man nicht mehr auf die gleiche Weise wie Augustinus oder Boethius einem Philosophen begegnen. In der Zeit nach Beda (um 673–735) gab es in Westeuropa niemanden mehr, der sich Philosoph, nicht Christ, nannte, der ein philosophisches System statt des Christentums zur Grundlage seiner Lebensweise erwählte. Einige meinten allerdings, wie wir sehen werden, die Philosophie könnte zusätzlich zum Christentum eine Führerin sein.

Dies hing zum Teil mit einem kulturellen Paradigmenwechsel zusammen, den der Fall des Römischen Reiches bewirkt hatte. Die Herrscher Europas waren nicht mehr rhetorisch und philosophisch gebildet. Manche waren Analphabeten, die meisten interessierten sich mehr für die praktischen Belange von Krieg und Regierung als für die Förderung der Gelehrsamkeit. Es oblag weitgehend den Benediktinerklöstern und Kathedralschulen (an denen der Klerus für den Kirchendienst ausgebildet wurde), das Bildungsniveau zu halten, soweit sie eben konnten. Bedas Mentor Benedikt Biscop (um 628–689) bereiste den Kontinent und lebte einige Zeit als Mönch in Lérins; die Manuskripte, die er aus Rom und Monte Cassino in Süditalien mitbrachte, sollten den Grundstock der Bibliotheken der Klöster bilden, die er in Wearmouth und Jarrow in Nordengland gründete. Beda wurde ihm im Alter von sieben Jahren als kindlicher Oblate („Geopferter“, d.h. als künftiger Mönch) übergeben. Er brachte in seinem Leben etwas zuwege, indem er den Umgang mit Büchern zu einem lebendigen Element in der Tradition des abendländischen Klosterlebens machte. Er verfaßte Schriften über Rechtschreibung und andere *grammaticalia,* die Berechnung des Osterdatums, die natürliche Welt (unter Verwendung von Isidor, Sueton und Plinius), Geschichte und Biographie (mit dem Ziel, die Hand Gottes in den menschlichen Angelegenheiten aufzuzeigen) sowie eine große Masse von Bibelkommentaren, in Abhängigkeit von Augustinus, Hieronymus, Ambrosius und Gregor dem Großen und durchsetzt mit eigenen Reflexionen. Der Charakter all dieser Arbeiten war praktisch. Beda war bestrebt, die Bedürfnisse seiner Mönche zu erfüllen, eine christliche Bildung zu schaffen, die eher nützlich und erbaulich als spekulativ war – und hierin hatte er einen spektakulären Erfolg.

Der Erfolg und die Beliebtheit seiner Werke unterstreichen allerdings die Natur des Wandels, der sich vollzogen hatte. Nun konnte man im Abendland Menschen begegnen, die nach einem philosophisch-moralischen System lebten, das zwar nicht christlich war, aber de facto eine Religion und ein Gefüge mittels des Intellekts gewonnener Ansichten über das Universum zugleich. Man könnte fragen, ob Boethius vielleicht in diesem Sinn ebenso Philosoph wie Christ war. Diese Frage hätte jedoch ein Zeitgenosse Bedas 200 Jahre später nicht stellen können. Von nun an wurde der Ausdruck *philosophus* in zwei Bedeutungen gebraucht: entweder für einen der Philosophen des Altertums[4] oder für Zeitgenossen, die offenbar deren Methoden als Denker übernahmen und mit ihren Ideen übereinstimmten, selbst aber christliche Gelehrte blieben.[5] Über die ersten konnte man weiterhin mit Augustinus der Ansicht sein, daß sie im großen und ganzen gute, intelligente Männer waren, die das Pech gehabt hatten, vor Christus geboren zu sein, die aber bewundernswerte und sogar nützliche Fortschritte in Richtung auf ein Verständnis der Wahrheit gemacht hatten. Wenn einige ihrer Aussagen von Christen nicht akzeptiert werden konnten, dann war das nicht anders zu erwarten, und es war die Aufgabe der christlichen theologischen Forschung, die Spreu vom Weizen zu trennen.

Die zweite Art Philosophen war mit Vorsicht zu genießen. Hier argumentierten Zeitgenossen, die sich Christen nannten, mit Vernunftgründen für Ansichten, die nicht immer eindeutig mit der christlichen Orthodoxie vereinbar waren und ihr manchmal sogar eindeutig widersprachen. Beispiele für diese herabsetzende Bezeichnung von Zeitgenossen als *philosophi* finden sich ab dem Ende des 11. Jahrhunderts. Wenn Gilbert Crispin, damals Abt von Westminster, ein Treffen der „philosophischen Gesellschaft“ in London beschreibt, dann gibt er uns ein Rätsel auf, denn kein anderer Autor jener Zeit deutet etwas Derartiges auch nur als literarische Fiktion an. Gilberts *philosophi* waren wahrscheinlich nichts anderes als eine Fiktion, denn sein Ziel ist es, einen Rahmen für einen Dialog zwischen einem Philosophen und einem Christen zu konstruieren, parallel zu seinem Dialog zwischen einem Christen und einem Juden. Seine einführende Beschreibung ist voller Symbolik: Es gibt viele Aus- und Eingänge zum Ort der

Versammlung; er braucht einen Führer; er muß draußen warten, bis er hereingerufen wird.[6]

Als er hineinkommt, diskutiert die Versammlung gerade in Zweier- und Dreiergruppen, nicht über eine, sondern über verschiedene Fragen. Einige versuchen, Aristoteles' und Porphyrius' Lehren über *genera* und *species* in Einklang zu bringen. Andere versuchen zu ermitteln, ob Grammatik eine Disziplin der Logik ist. Die Debatte, die Gilberts Interesse weckt, wird zwischen „zwei Philosophen verschiedener Optionen" *(diversae sectae)* geführt, einem Christen und einem Heiden *(gentilis).* Sie diskutieren die rationale Grundlage des christlichen Glaubens und die Autorität der Offenbarung. Die „philosophische Gesellschaft" weicht in den Hintergrund zurück, während die Inhalte des christlichen Glaubens durchdiskutiert werden. Wir hören nichts mehr von den *litterati homines,* und Gilbert führt sie ohnehin ein als „Studenten des Faches Logik, wie mir schien"; Ähnlichkeit mit den Philosophen des Altertums gibt er ihnen nur auf die oberflächlichste Weise.

Peter Abälard, ein jüngerer Zeitgenosse Gilberts, der in Nordfrankreich lehrte, schrieb einen Dialog zwischen einem Juden und einem Christen, diesmal eingeleitet durch eine Traumsequenz (ein weiterer Hinweis auf die Unmöglichkeit, wirkliche Philosophen für derlei Übungen zu finden). *Iuxta visionis modum* beginnt er – „wie es die Art von Träumen ist"[7].

Hauptthema im Teil des Dialogs zwischen dem Christen und dem Juden ist die Inkarnation; Gilberts Abhandlung und vielleicht auch Anselms von Canterbury *Cur Deus Homo* (Warum Gott Mensch wurde) zeigen, daß es damals in Mode war.[8] In seiner Diskussion mit dem Philosophen befaßt sich der Christ mit dem Problem der Natur des höchsten Gottes, der Seligkeit *(beatitudo),* und wie sie durch Tugenden zu erreichen sei; außerdem sprechen sie über das höchste Böse, die Strafe und die Letzten Dinge. Es gibt Anzeichen dafür, daß Abälard aus seiner Lektüre eine Vorstellung vom Charakter des antiken Philosophen hat. Sein Philosoph kritisiert die Juden als bloße Tiere, in ihren Sinnen verfangen, die Wunder brauchen, um zu glauben; Philosophen hingegen suchen nach dem Grund, warum etwas ist: Diese „Griechen suchen Weisheit", sagt Abälard.[9] Es gibt bei ihnen ein Verständnis dafür, daß das Streben nach Glück identisch ist mit dem Weg zur Vollkommenheit.[10] Dort anzukommen, heißt selig zu sein. Aber Abälard leidet wie Gilbert unter dem Nachteil, nie einem Menschen begegnet zu sein, der sich als Philosoph im Gegensatz zum Christen bezeichnet hätte.

Im Mittelalter haben wir es also de facto mit christlichen Denkern zu tun, die ein wenig antike Philosophie gelesen haben, und nicht mit Menschen, deren Leben von einem philosophischen System geleitet wird. So bleibt Abälard nichts anderes übrig, als Beweise aus der Offenbarung und rein verstandesmäßige Beweise in ihren Ergebnissen zu vergleichen, wie auch Gilbert es tut. Es muß ohne lebendige Philosophen auskommen. Johannes von Wales, ein franziskanischer Prediger des 13. Jahrhunderts, unternahm eine redliche Anstrengung, den guten Philosophen zu beschreiben, und fand ihn in Gelehrsamkeit und Demut einem Franziskaner sehr ähnlich.[11] Einige der Philosophielehrer an der Pariser Fakultät der Freien Künste (der „artistischen" Fakultät) versuchten offenbar auch die Vorstellung wieder zum Leben zu erwecken, daß Philosophie eine Lebensweise ist. Zu den 1277 verbotenen Aussagen gehört als Nr. 40 die Behauptung, daß es keine bessere Lebensweise gebe als die philosophische, und als Nr. 154, daß nur

Philosophen weise seien. Auch in einem *accessus,* einer Einführung in die Philosophie, aus dem 13. Jahrhundert ist ein Versuch erkennbar, die Philosophie als Lebensführerin darzustellen. Eine Einleitung zur *Consolatio* selbst sagt, Boethius zeige, wie die Philosophie angesichts der menschlichen Erfahrung trösten kann, daß alles Gute auf Erden wandelbar ist, daß ein eher scheinbares als wirkliches Glück trügt; er führe uns das Wirken der Vorsehung vor, damit wir uns ruhigen Herzens dem stellen, was uns widerfährt (Lafleur S. 229–232).

Wollte man im Mittelalter Philosophie definieren, so war die praktischste Methode, ihr Ziel zu verdeutlichen, ein *schema* zu verwenden, das ihren Platz in Beziehung zu den anderen Disziplinen anzeigt. *Schemata* der Künste und Wissenschaften haben Vorgänger bei spätklassischen und karolingischen Enzyklopädisten sowie in Übersetzungen des 12. Jahrhunderts.[12] Im 13. Jahrhundert nahm man das Problem wieder in Angriff. Um 1250 zählte Arnulfus Provincialis, Magister der Künste in Paris, die ihm bekannten Definitionen von Philosophie auf. Seneca leitet das Wort selbst von „Liebe" und „Weisheit" ab und nennt Philosophie „die Liebe zur Weisheit"; außerdem beschreibt er sie als „Liebe zum rechten Verstand", „Streben nach Tugend" und die Kunst, richtig zu denken, „das Streben nach geistiger Berichtigung" *(corrigende mentis,* Lafleur 306–307 und Seneca, Ep. 89). Arnulf sammelt ein weiteres Bündel Definitionen *a parte rei,* aus der Natur der Philosophie. Chalcidius sagt, Philosophie sei „das sichere Wissen von sichtbaren wie unsichtbaren Dingen". Gundissalinus und Isidor sagen, sie sei „das sichere Wissen um göttliche und menschliche Dinge, verbunden mit dem Streben nach rechtem Leben (Lafleur S. 308). Isidor trägt außerdem den Gedanken vor, Philosophie sei die Kunst der Künste und die Wissenschaft der Wissenschaften. Oder Philosophie kann als das Studium bezeichnet werden, durch das der Mensch seinem Schöpfer mittels der dem Menschsein gemäßen Tugend näherkommt (Lafleur S. 309). Oder Philosophie ist „die der Seele gemäße Ordnung" *(ordo anime conveniens),* die „Selbsterkenntnis des Menschen", „die Sorge, das Streben und die Furcht, die auf den Tod bezogen sind", oder „das Erforschen der Natur und das Wissen um göttliche und menschliche Dinge, soweit das dem Menschen möglich ist" (Lafleur S. 310). Und da „Philosophie" manchmal in der Bedeutung von „Weisheit" oder „Wissen" verwendet wird, sind die Definitionen dieser Begriffe ebenfalls relevant für das Verständnis der Philosophie (Lafleur S. 311).[13]

Was das 13. Jahrhundert unter Philosophie verstand, darüber ist auch einiges aus einer Auflistung dessen zu erfahren, was ihr nicht zugerechnet wurde. Ein *accessus* schließt insbesondere die mechanischen und magischen Künste von der Philosophie aus. Die mechanischen Künste, in der althergebrachten Weise unterteilt in Weben, Waffenschmieden, Seefahrt, Jagen, Ackerbau, Medizin, Theater, werden als Gegensatz zur Philosophie betrachtet; denn sie „lehren den Geist, dem Fleisch zu dienen", und das ist dem Ziel der Philosophie zuwider. Die Magie wird als *seorsum* (getrennt) von allen anderen Wissenschaften betrachtet und unterschieden in ihre fünf Disziplinen: Hellseherei, Sterndeutung *(mathematica),* Schadenszauber, Loswerfen über die Zukunft und Blendwerk, eine Betätigung für Schurken und weder eines freien Mannes noch eines dienstbaren würdig (Lafleur 285–287).

Spätere Autoren führten die Debatte fort, und es war (doch) nie möglich, die magischen Künste ganz aus der Philosophie zu verbannen. Johannes Gerson schrieb zum Beispiel im Jahre 1402, Philosophen hielten die Existenz von Dämonen für wahrscheinlich, und der Glaube sage uns, sie sei eine Gewißheit.[14] Magie ist etwas Reales. Das Problem ist nicht, daß sie eine Pseudowissenschaft ist, sondern daß sie der Wahrheit im Wege steht, indem sie das Denken auf Körperliches, Sinnenfälliges, Einzeldinge lenkt.[15] Dies tut sie auf gefährlichere Weise als die mechanischen Künste, die einfach nur eines Studiums nicht würdig sind. Zur Magie gehören Dämonenpakte, und diese sind eine Form des Götzendienstes.[16] Sie tendiert obendrein zu ordinärem Irrtum, weil ihre Praktiken gegen die Naturgesetze verstoßen.[17] Wenn wir uns mit Magiern einlassen, werden wir Gott untreu aus wachsender Ungeduld, weil er anscheinend unsere Gebete nicht hört und auf unsere Mühen mit Fasten und Wallfahrten nicht antwortet.[18]

Man glaubte zwar an die Wirksamkeit der Magie, doch ihr Studium und ihre Praxis behinderten fortgesetzt Studium und Praxis der Philosophie ebenso wie der Theologie. Dasselbe galt für Astrologie. Gerson erkannte 1419, daß der Himmel Gottes Herrschaftsinstrument und seine Bewegungen mehr als bloße Zeichen seien. Astrologen, schrieb er, müßten bedenken, daß ihre Kunst die Magd der Theologie sei, dann verfielen sie nicht in unfromme Irrtümer und gotteslästerlichen Aberglauben.[19]

Die Vorstellungen von Theologie und Philosophie sowie den Randwissenschaften, den Freien, mechanischen und selbst den magischen Künsten können alle in einer hierarchischen Ordnung gesehen werden, die als oberstes Ziel die Gotteserkenntnis hat. Im 13. Jahrhundert glaubte man allgemein, daß die mechanischen Künste auf so bescheidener Ebene operieren, daß sie nicht wert sind, von denen studiert zu werden, die fähig sind, Besseres zu lernen, und daß sie tatsächlich die Seele davon abhalten können, nach Höherem zu streben. Die magischen Künste und die Astrologie haben eine eingebaute Fehlerneigung, weil sie ihren Blick nicht auf Gott allein richten (obwohl sie im Mittelalter als recht wirksam angesehen wurden). Die Freien Künste sollten die treuen Mägde der Theologie sein und die Seele dazu geschickt machen, ihr theologisches Geschäft besser zu betreiben *(theologizare).* Die Philosophie selbst aber rückt der Theologie unbehaglich nahe. Sie kann all diese anderen Künste und Wissenschaften umfassen und sogar einen Teil dessen, was die Theologie als ihre ureigenste Domäne betrachtet.

Eine erste Folgerung aus all diesem ist, daß die Magister des 13. Jahrhunderts nicht weiter als ihre Vorgänger in den Versuch kamen, der Philosophie einen festen Platz unter den Künsten und Wissenschaften zu geben. Ebensowenig gelang es ihnen, das genaue Ziel der Disziplin in einer Weise zu definieren, der jeder zustimmen konnte. Philosophie war nicht wie Grammatik oder Logik ein Fach, das über bekannte Lehrbücher für Anfänger und Fortgeschrittene und einen festen Platz auf dem Lehrplan verfügte. Dennoch war es in der Praxis das Studium der Freien Künste *(artes),* das den Zustrom neuer Textbücher zu philosophischen Themen am besten aufnehmen konnte, als ab dem späten 12. Jahrhundert die rechtlichen Schriften des Aristoteles den Westen erreichten. Dies führte, wie wir sehen werden, zu Rivalitäten zwischen den Fakultäten an den Universitäten. Doch bevor wir davon berichten, müssen wir die Entwicklung eines entsprechenden Theologiebegriffs im Mittelalter verfolgen.

Anmerkungen

1 Vgl. Stead, S. 153f.

2 Zum griechischsprachigen Osten vgl. CHLGEMP, Teil VI.

3 Vgl. P. Courcelle, „Étude critique sur les Commentaires de Boèce (IXe-XVe siècles)", AHDLMA 1939, 5–40, 53 und T. Gregory, *Platonismo medievale,* Rom 1958, S. 1–15. Bischof Adalbold von Utrecht († 1026) vertritt diese Ansicht in seinem Kommentar und kann Boethius als christlichen Philosophen sehen.

4 Zur Zeit des Thomas von Aquin ist „der Philosoph" gewöhnlich Aristoteles.

5 Vgl. J. Swanson, *John of Wales,* Cambridge 1989, S. 167ff., zur Nachahmung der Tugenden der Philosophen.

6 *The Works of Gilbert Crispin,* ed. A.S. Abulafia und G.R. Evans, London 1986, S. 61f.

7 *Dialogus inter Philosophum, Iudaeum et Christianum,* ed. R. Thomas, Stuttgart 1970, S. 41.

8 Vgl. R.W. Southern, *St. Anselm and his Biographer,* Cambridge 1963.

9 *Dialogus,* ed. cit., S. 90.

10 ibid., S. 98.

11 Swanson, op. cit., S. 172.

12 Beispiele in meinem Buch *Old Arts and New Theology,* Oxford 1978.

13 Arnulf beschreibt mehrere Arten, die Philosophie zu unterteilen. Ihr spekulativer Zweig befaßt sich mit den Ursachen des Seienden, ihr praktischer mit der Lebensweise des Studierenden, und wie man Laster meidet und Tugenden fördert. Oder man kann Philosophie in drei Gebiete teilen: Wissenschaft von der Natur, Mathematik und das Studium des Göttlichen. Diese sind das Wesentliche an ihr, obwohl sie eine Vielfalt von Nebenthemen wie Sprache und Tugend berühren kann. Nimmt man die Philosophie hingegen als die Gesamtheit des Wissens, das menschliche Bedürfnisse erfüllt, so kann sie in die Freien Künsten (die den Bedürfnissen der Seele dienen) und die mechanischen Künste (die denen des Körpers dienen) unterteilt werden (Lafleur, S. 314–317).

Neben Arnulfs Liste ließen sich mehrere andere aus der gleichen Zeit stellen. Ein Zeitgenosse schreibt um 1230–1240, die Zielursache *(causa finalis)* der Philosophie sei die Erkenntnis alles Seienden, ihre Wirkursache *(causa efficiens)* die vollständige Selbsterkenntnis des Menschen, die Stoffursache *(causa materialis)* die Erkenntnis göttlicher und menschlicher Dinge zusammen mit den Prinzipien des rechten Lebens, ihre Formalursache *(causa formalis)* das Ähnlichwerden mit dem Schöpfer durch menschliche Tugend. Ein weiterer anonymer Autor gibt in einem weniger ausgearbeiteten Rahmen, vielleicht fünf Jahre vor Arnulf, eine Auswahl der Definitionen, die dieser zitiert (vgl. Lafleur, S. 181 und 258).

Auch alternative Anordnungen der gleichen Elemente lassen sich finden: Bei einer Teilung in mechanische und freie Studien wird die freie Philosophie *(philosophia liberalis)* in spekulative (die sprachlichen Künste) und praktische Philosophie (die Pflege der Tugend) unterteilt (Lafleur, S. 18). Dies ist auf den „Erkennenden" bezogen. Auf das „Erkennen" und die „Erkennbarkeit" bezogen wird eine Teilung in *theoretica* und *practica* vorgeschlagen. Beim ersten wird die Substanz der Dinge durch ihre universalen Ursachen erkannt, beim zweiten werden ihre Eigenschaften oder Funktionsweisen, d.h. *practica* erkannt (Lafleur S. 183). „Naturphilosophie" wird manchmal einfach nach Aristoteles und Boethius in Physik, Mathematik und Metaphysik oder Theologie unterteilt (Lafleur S. 183f und 261). An anderen Stellen finden wir die Philosophie mit *mechanica* und *magica* unter *humana scientia* (menschliches Wissen) zusammengefaßt und der *theologia* gegenübergestellt, die *divina scientia* (göttliches Wissen) ist (Lafleur S. 259).

14 Johannes Gerson, *De erroribus circa artem magicam* (1402), *Oeuvres Complètes,* X, Paris 1973, S. 78.

15 Ibid.

16 Ibid., S. 79.

17 Ibid., S. 81.

18 Ibid., S. 85f.

19 Gerson, *Trilogium astrologiae theologizatae* (1419), loc. cit., S. 90.

Der Ausdruck *theologia* wurde von christlichen Autoren normalerweise erst ab dem 13. Jahrhundert für das verwendet, was wir heute „Theologie“ nennen. Bis zum 12. Jahrhundert war es üblicher, von „Studium der Heiligen Schrift“ zu sprechen. Selbst Thomas von Aquin spricht im späten 13. Jahrhundert in der *Summa theologiae* von *sacra doctrina* (heiliger Lehre) statt *theologia.* Der Begriff einer Disziplin, die auf die systematische Erforschung des christlichen Glaubens mit spekulativen Methoden hinauslief, erwuchs nur langsam und unsicher aus dem Bibelstudium, durch Analogie mit anderen Wissenschaften.

In einem engeren, beschränkteren Sinn war das Wort *theologia* allerdings auch im früheren Mittelalter von Boethius her bekannt. Boethius definiert *theologia* als Zweig der Philosophie oder *speculativa (De trin.* II). Gegenstand der *physica,* der Naturwissenschaften, sind Körper und Form, zusammengenommen und in Bewegung studiert. Gegenstand der Mathematik ist die Erforschung der reinen Form, als könne man sie von Stoff und Bewegung abstrahieren, aber in dem Wissen, daß man das in Wirklichkeit nicht kann. Theologie behandelt das, was völlig frei von Stoff und Bewegung ist, die göttliche Substanz. Diese Unterscheidung, die Boethius über jüngere platonische Denker von Plato entlehnt,[1] „plaziert“ die Theologie in Beziehung zu anderen Bestrebungen des menschlichen Intellekts, jedoch um den Preis der Beschränkung auf die christliche Perspektive. Für Boethius, der als Philosoph und Christ schreibt, waren die brennenden aktuellen Fragen ohnehin die gleichen wie in den ersten christlichen Jahrhunderten: die Natur Gottes, seine Dreifaltigkeit und seine Beziehung zu seiner Schöpfung.[2] Nur in *De fide catholica* (Vom katholischen Glauben) geht er über diese Themen hinaus und stellt sich der schwierigen Notwendigkeit, die Offenbarung – die die Philosophen zwangsläufig nicht akzeptieren werden – als Beweis anzuführen, wenn er den Sündenfall, die Inkarnation und die Erlösung der Welt erklären will.

Die zentrale Stellung offenbarter Wahrheit wurde zum Dreh- und Angelpunkt mittelalterlicher Definitionen für *theologia.* Ein Autor des 13. Jahrhunderts unterscheidet zwischen „göttlichen“ und „menschlichen“ Wissenschaften und erklärt: „Die göttliche ist die, welche direkt von Gott gegeben wird, wie die Theologie“ (Lafleur S. 259). Diese christliche *theologia* konnte man gegen den Gebrauch des Wortes bei Boethius absetzen (Lafleur S. 323).

Arnulfus Provincialis erklärt, die Theologie habe ihre *causa* im Sündenfall des Menschen. Adam wurde nach dem Bild und Gleichnis Gottes erschaffen, vollkommen an Tugend und Wissen *(scientia),* doch er brach das ihm auferlegte Naturgesetz, und sein *oculus intellectualis,* das Auge des Verstandes, wurde verdunkelt, geblendet und sah nicht mehr in Wahrheit. Der Schaden betraf nicht nur seine Seele, sondern auch seinen Körper. Es gibt jedoch eine weitere *causa* für die unvermeidbare kreatürliche Beschränkung Adams. Er ist daraufhin angelegt, nach größerer Vollkommenheit zu streben, d.h. nach größerer Ähnlichkeit mit seinem Schöpfer, indem er Tugend und Wissen erwirbt; er sollte seine Seele zur Betrachtung seines Schöpfers erheben und darin das Glück seiner Seele finden. Dies, so Arnulf, wird von den Philosophen beschrieben (er zitiert Al-Gazel in der *Metaphysik).*

Arnulf argumentiert, es sei für den gefallenen Menschen angemessen und notwendig, Philosophie zu studieren – als Mittel zu jener Vervollkommnung in Tugend und Wissen, die nötig ist, wenn er von den Konsequenzen des Falls erlöst werden soll. „Durch die Disziplin der Philosophie werden wir zum Wissen alles Seins geführt, zu Liebe, Furcht und Verehrung gegenüber dem Schöpfer so wunderbarer Geschöpfe" (Lafleur S. 303–305).

Thomas hielt es für angezeigt, in seiner *Summa Theologiae* als erstes die Frage zu stellen, „ob es irgend einer weiteren *doctrina* außer der Philosophie bedarf" *(Summa* I.q.1.a.1). Seine Antwort ist, daß die Offenbarung (d.h. biblische Offenbarung) Dinge enthält, die für das Heil notwendig sind und vom Verstand allein nie gefunden werden können. Er antwortet auf zwei „Einwände": erstens, daß alles, was vom Verstand bearbeitet werden kann, von der Philosophie abgedeckt wird und der Mensch nicht versuchen sollte, zu wissen, was außerhalb der Reichweite des Verstandes ist (Sir 3,22); zweitens, daß Philosophie sich mit allem Seienden befaßt und daher mit aller Wahrheit, wodurch die Theologie, wie Aristoteles sagt, als bloßer Zweig der Philosophie erschiene *(Metaphysik* VI.1, 1026a19). Der erste Einwand, sagt Thomas, übersieht die Pflicht des Menschen, im Glauben jene den Verstand überschreitenden Dinge anzunehmen, die Gott offenbart (Sir 3,25). Der zweite vergißt, daß dieselbe Materie von verschiedenen Wissenschaften behandelt werden kann. Er betont, die Theologie, die sich mit der heiligen Lehre befaßt, gehöre zu einer anderen Ordnung als jene, die klassisch als Teil der Philosophie definiert wird.

Das gleiche Thema – daß Theologie sich deshalb von Philosophie unterscheide, weil sie den Inhalt der Offenbarung behandele – findet sich bei Johannes Gerson. An der Wende zum 14. Jahrhundert führte er ein Experiment mit Boethius' *Trost der Philosophie* durch. Er schrieb in der gleichen Mischform aus metrischen und Prosapassagen wie Boethius einen Dialog zwischen „Volucer" und „Monicus" über den *Trost der Theologie.* Es geht um die Frage, warum die Philosophie alleine nicht ausreicht, um wahren Trost zu spenden. Volucer erklärt Monicus, daß Theologie im gleichen Verhältnis zu Philosophie stehe wie Gnade zu Natur, Herrin zu Magd, „Einsicht" *(intelligentia)* zum „Vernunftschluß" *(ratiocinatio);* es sei angemessen, daß es in den Wissenschaften Ordnung und Rang *(gradus)* gebe, und die Theologie werde „in der richtigen und ökonomischen Weise verfahren" *(recto breviatoque ordine procedet),* wenn sie ihre Schlüsse auf der Grundlage der Philosophie aufbaue. Der Text ist deshalb aufschlußreich für Gersons Sicht der Beziehung zwischen Philosophie und Theologie.

Er entwickelt das Argument auf mehrere Weisen. Seiner Ansicht nach ist alles, was nur durch Offenbarung wißbar ist, von der Philosophie ausgeschlossen. Gott, sagt er, konnte voraussehen, daß die Menschen Fehler machen würden und „nötige und erlösende Wahrheiten" mittels der Philosophie nicht erkennen könnten. Deshalb offenbarte er ihnen den Inhalt der Theologie „auf übernatürliche Weise" *(supernaturaliter:* S. 189). Von dem, was so hinzukommt, ist das Wichtigste das Wissen um die „Ordnung" des göttlichen Gerichts, das er sofort thematisiert (S. 190). Innerhalb dieses Rahmens einer Vorsehung, die über alles hinausgeht, was Boethius in seiner *Consolatio philosophiae* beschreibt, diskutiert Gerson ausführlich die Prädestination und die christliche Hoffnung. Die Philosophen der Heiden, erklärt er, konnten einsehen, daß Gott existiert, aber das Mysterium der Menschwerdung ist nur verstehbar, wenn es ausdrücklich offenbart wird *(explicite revelatum),* und es muß geglaubt werden. Gnade wird nur durch die Vermittlung des Mittlers zwischen Gott und den Menschen *(per medium Mediatoris Dei et hominum)* gegeben. Er hat Gnade genug für alle verdient, aber sie ist nur in denen wirksam, die ihm „durch habituellen Glauben" einverleibt sind wie Kinder oder durch aktuellen und habituellen Glauben, wie er sich bei Erwachsenen durch beständige Liebe zeigt.[3]

Diese Entwicklung des Begriffs der *theologia* von Boethius bis zum christlichen Mittelalter hatte Auswirkungen auf die Sicht der Philosophie als Lebensführerin. Für Christen erfüllte die Moraltheologie dieses Bedürfnis. Dennoch blieb die Schwierigkeit des gemeinsamen spekulativen Elements *(speculativa).* In der Behandlung der Themen der *theologia* durch Boethius und – davon abweichend – durch die klassischen Philosophen war es unumstritten, daß alle Hilfsmittel zum formalen Argumentieren verwendet werden sollten, die Grammatik, Logik und Rhetorik bieten konnte. Solche Hilfsmittel wurden im Mittelalter nicht weniger verwendet. Tatsächlich waren sie eine größere Hilfe, weil es in diesen Gebieten wichtige technische Entwicklungen gab. Für einige mittelalterliche Gelehrte erhob sich allerdings die Frage, ob es angemessen sei, Glaubensdinge in dieser Art mit dem Verstand zu diskutieren. Insgesamt war es im früheren Mittelalter kein drängendes Problem. Die damit verwandte Frage, die Hieronymus Sorge machte, war damals akuter, und wir sehen christliche Gelehrte diskutieren, ob sie weltliche Schriftsteller lesen und verwenden sollten, oder ob sie Gefahr liefen, „ciceronisch" statt „christlich" zu sein, wenn sie es taten. Selbst für Anselm, im späten 11. Jahrhundert, gingen Glaube und förmlicher Vernunftgebrauch beim Streben des Glaubens nach Verstehen einträchtig Hand in Hand *(Proslogion* 1). Doch vom 11. Jahrhundert an, als sich die Studenten zunehmend für die Möglichkeiten der Verwendung besonders von Grammatik und Logik interessierten, schien das Argumentieren den Glauben manchmal herauszufordern. Kurz nach 1215 schreibt Wilhelm von Auxerre, der Versuch, Glaubensartikel mit dem menschlichen Verstand zu beweisen, sei „pervers".[4] Der Glaube läßt sich nicht auf Beweise gründen; könnte er mit menschlichem Verstand allein bewiesen werden, so läge kein Verdienst in ihm.[5] Er führt eine Reihe von Häretikern wie Arius und Sabellius an[6], die von ihrem Verstand zum Irrtum verleitet wurden.[7]

Hier ging es darum, ob theologische Wahrheiten mit philosophischen Methoden, d.h., wie Gilbert Crispin und Abälard es verstanden, durch den Appell an den menschlichen Verstand allein ermittelt werden konnten oder nicht. Wäre das möglich, dann hätte die Philosophie einen berechtigten und sogar notwendigen Platz im theologischen Diskurs. Gleichzeitig wäre aber die Theologie allen offenkundigen Nachteilen der philosophischen Auseinandersetzung ausgesetzt, ohne Gewißheit, daß das Ergebnis der jahrhundertealten orthodoxen Lehre der Kirche entsprechen würde. Wenn theologische Wahrheiten – wie eine konservative Meinung stets unbeirrbar vertrat – letztlich nicht so ermittelt werden konnten, dann *blieb* die Frage, wieweit philosophische Argumente trotzdem nützlich sein konnten, um die Darstellung der Glaubenswahrheiten zu bestätigen oder zu unterstützen.

Augustinus betrachtete die besten Philosophen als Freunde des Christentums, weil sie mit dem Licht des Verstandes einige christliche Grundwahrheiten zumindest im Prinzip verstanden hatten. Er sagt, Christen dürften deshalb mit reinem Gewissen „die Ägypter ausplündern" und Gold, Silber und kostbare Gefäße davontragen, wie die Hebräer es taten, als sie aus Ägypten auszogen *(De doct.chr.* II.40.60). Er war nicht für wahlloses

Plündern. Er widmet eine lange Passage der *Stadt Gottes* (Buch VIII) einem Vergleich zwischen den ihm bekannten Denkschulen und schließt, die Platoniker seien der christlichen Wahrheit am nächsten gekommen. Doch er sieht keinen unüberwindlichen Einwand gegen die Vorstellung einer „christlichen Philosophie" *(C. Iul.* IV.14.72).[8]

Nicht alle Nachfolger Augustins konnten sich zu der gleichen Unbekümmertheit durchringen wie er. Die Befürchtung des Mittelalters war, die Philosophie könnte der Theologie etwas rauben oder ihr Geschäft gar ganz übernehmen, wenn man sie nicht bremse. Spätestens ab dem Ende des 12. Jahrhunderts werden Klagen geäußert, die Disziplinen seien in Unordnung, und speziell die Philosophie überschreite ihre eigenen Grenzen und greife auf andere Gegenstände über. Stefan von Tournai schrieb im letzten Jahrzehnt des 12. Jahrhunderts an den Papst, die Gewänder der Philosophie seien zerrissen und in Unordnung, sie werde nicht mehr um Rat gefragt wie einst und könne daher nicht länger trösten.[9] Üblicher war die entgegengesetzte Klage. Ein Dominikaner des 13. Jahrhunderts sagt, die Gelehrten führten sich auf wie Barbaren; sie korrumpierten die Theologie, indem sie sogar in das Studium der Heiligen Schrift die Metaphysik hineinbrächten.[10]

Diese Sorge wird immer wieder ausgedrückt (obwohl Philosophie nicht immer ein herabsetzender Ausdruck ist).[11] Im späten 12. Jahrhundert fragt eine satirische Attacke gegen die „vier Labyrinthe" Frankreichs (Gilbert von Poitiers, Peter Abälard, Petrus von Poitiers und Petrus Lombardus), welchen Stellenwert das Studium der Freien Künste, der weltlichen Autoren und speziell der Philosophen habe, und erklärt, was an jedem von diesen unannehmbar sei. Plato glaubt zum Beispiel, die Sterne seien Götter; Aristoteles' Argumentation ist voller Winkelzüge.[12] Wenig später kritisiert Alain von Lille eine Tendenz, Begriffe aus der Naturwissenschaft im Studium der Theologie zu verwenden, mit dem Ergebnis, daß Leute, die kaum gewöhnliches Theater verstehen, sich einbilden, sie verstünden die Diskussionen von Engeln. Theologen und artistische Magister traten sich gegenseitig auf die Füße, wenn sie Fragen wie den besonderen Gebrauch von Nomina und Verben in der Heiligen Schrift diskutierten.[13] – Es bedarf kaum der Erwähnung, daß diese Befürchtungen nicht aufgekommen wären, wenn es nicht unvermeidlich Überschneidungszonen und die Entdeckung reicher Möglichkeiten im jeweils anderen Gebiet gegeben hätte.

Das philosophische Forschen hatte eine beunruhigende Wirkung; denn es war anerkanntermaßen nicht unbedingt darauf aus, die Wahrheit sicherzustellen. Man unterschied zwischen „philosophisch sprechen" und „theologisch und wahrheitsgemäß sprechen".[14] Die Philosophie durfte aus Neugier forschen, ohne die Pflicht, mit der christlichen Wahrheit harmonierende Lösungen zu produzieren.[15] Roger Bacon unterscheidet im 13. Jahrhundert zwischen den Lastern der Philosophie, insbesondere der Neugier um ihrer selbst willen, und dem Einsatz der Philosophie zur Unterstützung des theologischen Forschens.[16] Er kann sich vorstellen, daß die Philosophie ihrer Herrin treu dient und Gründe des Irrtums untersucht, damit die Wahrheit einsehbar wird, ja daß sie selbst die Wahrheit unterstützt und sichert, den Irrtum hingegen vertreibt. Dies war freilich kühn, und es entsprach nicht der Erwartung der Mehrzahl der Theologen, was dabei herauskomme, wenn man dem philosophischen Studium seinen Lauf lasse.

Es gab viele Punkte, an denen bestimmte philosophische Lehren unweigerlich in direkten Konflikt mit dem christlichen Glauben gerieten – zum Beispiel die Seelenwanderung oder die Ewigkeit der geschaffenen Welt. Hat Gott die Macht, Körper an zwei Orten gleichzeitig präsent sein zu lassen? „Wissen" Engel Dinge, deren Zukünftigkeit nicht voraussehbar ist? Können die Himmel je aufhören, sich zu bewegen? Bleibt der *intellectus agens* (tätige Verstand) in der Seele, wenn sie vom Körper getrennt wird? All diese Fragen werden in den *Quodlibeta* des Ägidius von Rom gestellt (1546 in Louvain gedruckt). Etwa zwischen 1268 und 1274 veröffentlichte Ägidius eine Liste der *Errores Philosophorum*[17], in der er nacheinander Aristoteles, Averroes, Avicenna und Maimonides durchgeht und die zentralen Punkte herausarbeitet, an denen ihre Meinungen mit der christlichen Wahrheit unvereinbar sind. Aristoteles dachte zum Beispiel, daß jeder Veränderung eine Bewegung vorausgeht (I.1), daß die Zeit keinen Anfang hatte (I.2), daß die Welt ewig ist (I.3) und die Himmel ungeschaffen und unzerstörbar sind; er leugnete die Auferstehung der Toten (I.9). Averroes bekräftigte dessen Irrtümer, aber mit noch größerem Nachdruck. Die Welt, sagt er, hatte keinen Anfang; Gott kümmert sich nicht um einzelne Individuen; es gibt keine Dreifaltigkeit in Gott; der Intellekt ist in allen Wesen numerisch einer (IV.6–10). Avicenna verdoppelte laut Ägidius ebenfalls die Irrtümer des Aristoteles und machte sie noch ungeheuerlicher. Er behauptete, daß nichts Wandelbares direkt von einem unwandelbaren Gott ausgehen kann (VI.4), daß Gott die individuellen Naturen bzw. unsere Beschreibungen von Einzeldingen nicht erkennen kann (VI.13); daß Gottes Attribute nur *via negationis* („mittels Verneinung") aussagbar sind und nichts Positives an ihm bezeichnen; daß Intelligenzen nicht böse sein können (VI.12). Maimonides irrte in seinem Glauben, daß das Wort und der Geist Gottes nicht Personen sind, sondern nur Ausdruck des Wesens Gottes (XII.4) und daß die Propheten sich selbst zu Propheten machten (XII.7). Es ist diese Art Konflikt zwischen philosophischer Spekulation und christlicher Wahrheit, die sich in den 1277 in Paris verbotenen 219 Artikeln spiegelt.[18]

Vor allem aber gab es Fragen, zu denen Christen nicht nur die ganze Wahrheit zu besitzen meinten, während Philosophen nur einen Teil hätten, sondern auch heilsnotwendige Wahrheit. Philosophen mochten ihr in ihrem Denken über die Natur und das Wort Gottes, über die Erleuchtung des Verstandes, sogar gelegentlich über die Beziehung der Schöpfung zur Gottheit nahekommen; doch sie teilten nicht die Inkarnationslehre oder das Erbe von offenbarten Geschichtszeugnissen (vgl. Augustinus, *De trinitate* IV.12.21 und *De vera religione* 7.13).

Angesichts der praktischen und unausweichlichen Realität des Konflikts zwischen dem, was „die Philosophen" sagen, und dem, was die Kirche lehrt, tauchen eine Reihe zunehmend vertrauter Topoi auf. Jene bereits erwähnte Sorge, die Hieronymus ausdrückte, als er die unbehagliche Vision hatte, *Ciceronianus* statt *Christianus* zu sein, kommt in späteren Formen wieder.[19] Stefan von Tournai zum Beispiel schreibt im letzten Jahrzehnt des 12. Jahrhunderts, der Christ sollte seine Zeit nicht *in figmentis poeticis,* mit Grammatik, Rhetorik, Recht, Medizin, Geometrie, oder *in perplexionibus Aristotelis* vertun. Er meint, die Freien Künste seien wohl hilfreich zum Verständnis der Schrift, doch für sich genommen bewirke die Lektüre der „Literatur der Heiden" *(litterarum gentilium)* keine Erleuchtung, sondern eine Verdunklung des Geistes.[20] Sie sind gefährlich verführerisch, aber hohl. Präpositinus, von 1206 bis 1210 Kanzler in Paris, ist ähnlicher Ansicht. Philosophie und Dialektik, schreibt er, schauen mit dem Auge der „eitlen Weisheit" *(vana sapientia);* sie sehen Wolken und Eitelkeit. Philosophie ist unfruchtbares Geschwätz *(infecunda loquacitas),* eine nutzlose Subtilität und subtile Nutzlosigkeit. Wenn wir das Studium der Heiligen Schrift „philosophisch" *(philosophice)* angehen, werden wir Gott mißfallen.[21]

Der doppelte Gemeinplatz von der „Plünderung der Ägypter" und der gefangenen Magd ist ebenfalls häufig. Die Vorstellung, die griechischen Philosophen hätten ihre Weisheit von den Hebräern gestohlen, aber die so gelernten Wahrheiten verdreht, stammt von Clemens von Alexandrien *(Stromateis* I.81.4). Augustinus überlieferte diese Auffassung dem mittelalterlichen Abendland, allerdings mit etlichen Vorbehalten, was die Datierung betrifft *(De doct.chr.* II.43; *De civ.Dei* VIII.ii). 1228 eröffnet Gregor IX. seinen Brief an die Pariser Magister der Theologie mit einem Hinweis auf das Thema, in dem Vertrauen, daß man sofort versteht, was er meint. „Gefäße von Gold und Silber sollen die Hebräer von den Ägyptern erhalten, damit sie reich werden, nicht damit sie sich in ihre Schuldknechtschaft begeben" (vgl. Ex. 11).[22] Er weitet die Metapher auf das Thema der gefangenen Magd aus (vgl. Deut. 21,10ff.). Auch dies hatte eine lange Vorgeschichte. Philo von Alexandrien untersucht die Implikationen der Idee, daß die Künste mit Recht die Mägde des Bibelstudiums sind, in seiner Besprechung der Hagargeschichte.[23] Das Prinzip ist bei vielen mittelalterlichen Autoren zu finden, so bei Petrus Damiani[24], Rupert von Deutz[25], Stefan von Tournai und Bonaventura[26], um nur einige Beispiele zu nennen. Das Argument ist, daß weltliche Studien wie Mägde eine nützliche Aufgabe zu erfüllen haben, die aber im wesentlichen dienend ist. Sie müssen immer ihrer Herrin, der Theologie, untertan sein, und ihre verführerische Schönheit darf den Studierenden nicht so in Bann schlagen, daß er ihnen den ersten Platz in seiner Zuneigung gibt. Es ist ein Zeichen für ihre Anziehungskraft, daß diese Lektion so oft wiederholt werden mußte.

Anmerkungen

1 Vgl. H. Chadwick, *Boethius,* Oxford 1981, S. 110.

2 Vgl. Stead, S. 48f.

3 Johannes Gerson, *Oeuvres complètes,* IX, Paris 1973, S. 188–190. [Vorausgesetzt ist hier die Habituslehre, wie sie i.w. Aristoteles geschaffen und im Mittelalter vor allem Thomas von Aquin aufgenommen und ausgebaut hat. Damit wird ausgedrückt die dauernde Beschaffenheit eines Wesens – z.B. Klugheit –, durch die es sich regelmäßig in einer bestimmten Weise verhält, ohne daß diese dauernde Beschaffenheit zur Substanz dieses Wesens gehörte. Thomas hat das über die „natürliche" auf die „übernatürliche" Ebene ausgeweitet. Nach ihm gibt es neben den natürlichen auch übernatürliche („eingegossene") „Qualitäten oder der Potenz inhärierende Formen" (so definiert er *habitus),* die zu den Heilsakten befähigen, z.B. Glaube, Liebe, Hoffnung; diese sind durch göttliche Gnade verliehen. Dabei vermittelt, so denkt sich Thomas, der Gnadenakt eine gewisse Anlage, während die Beständigkeit (z.B. des Glaubens) sich erst durch den übenden Gebrauch (das meint z.B. *fides actualis)* bildet] (Anmerkung des Herausgebers).

4 Wilhelm von Auxerre, *Summa Aurea,* ed. J. Ribaillier, Paris/Rom 1980, *Spicilegium Bonaventurianum* XVI, S. 15; vgl. auch J. de Ghellinck, *Le mouvement théologique du XIIe siècle,* Brüssel/Paris 1948, S. 279–284 zu I Petr. 3,15.

5 Wilhelm von Auxerre, op. cit., S. 16.

6 Ibid., S. 18ff.

7 Ibid., S. 17.

8 R. Holte, *Béatitude et Sagesse,* Paris 1962, S. 97.

9 *Chartularium Universitatis Parisiensis* I.47f. in L. Thorndike, *University Records,* New York 1944, Nr. 11, S. 22.

10 M. Grabmann, „I divieti ecclesiastici di Aristotele sotto Innocenzo III e Gregorio IX", *Miscellanea Historiae Pontificiae* 5, 1941, S. 83.

11 G. Post, „Philosophantes and Philosophi", AHDLMA 1954, S. 135–138.

12 *Contra Quatuor Labyrinthos Franciae,* ed. P. Glorieux, AHDLMA 1952, S. 270ff.

13 „La Somme »Quoniam homines« d'Alain de Lille", ed. P. Glorieux, AHDLMA 1952, 119; vgl. auch J. Leclercq, „Un témoignage du XIII siècle sur la nature de la théologie", AHDLMA 1942, S. 301–321.

14 CHLMP, S. 89.

15 Ibid., S. 91.

16 Roger Bacon, *Metaphysica,* ed. R. Steele, Opera hactenus inedita I, Oxford 1905, S. 1, und *Compendium Studii Theologiae,* ed. H. Rashdall, Aberdeen 1911, S. 25.

17 Ed. J. Koch und J.O. Riedl, Milwaukee 1944.

18 Vgl. R. Hissette, *Enquête sur les 219 articles condamnés à Paris le 7 Mars 1277,* Paris 1977.

19 Vgl. Hieronymus, Brief 22, 30.

20 „I divieti", S. 61; vgl. auch E. Warichez, *Etienne de Tournai et son temps, 1128–1203,* Tournai/Paris 1936, S. 91.

21 „I divieti", S. 63, und G. Lacombe, *Prepositini Cancellarii Parisiensis, 1206–10, Opera Omnia, Bibliothèque Thomiste,* XI, Paris 1927, S. 41ff.

22 „I divieti", S. 72.

23 Vgl. R. Holte, *Béatitude et Sagesse,* S. 180.

24 „I divieti", S. 76.

25 Ibid.

26 „I divieti", S. 79.

II. Philosophische Quellen

1. Schulen und Gelehrte

Die Assimilierung des philosophischen Quellenmaterials, die wir gleich betrachten werden, hing im früheren Mittelalter von der individuellen Initiative einiger weniger Gelehrter ab. In den Generationen, die klassisches Bildungsgut aus dem zusammengebrochenen Römischen Reich retteten, ist Beda besonders wichtig. Weil Karl der Große darauf bestand, daß Kathedralen Schulen für den Klerus betrieben, entwickelte sich in der karolingischen Periode ein institutioneller Rahmen außerhalb der Klöster, in dem die Grundlagen der Freien Künste, der Bibel und der Kirchenväter gelehrt werden konnten. Karolingische Gelehrte, die zum Teil – wie Eriugena – zumeist als Privatgelehrte arbeiteten, zum Teil – wie Remigius von Auxerre – innerhalb der Schulen, leisteten einen enormen Beitrag zu der langwierigen Arbeit, die Möglichkeiten klassischer Gelehrsamkeit einer Welt zu erschließen, der ihre Anliegen weitgehend fremd geworden waren. Das gleiche Muster von Forschung, die, entweder unabhängig oder innerhalb der Schulen, recht zufällig vonstatten ging, setzt sich fort bis ins späte 11. Jahrhundert. Dann wurden überall neue Schulen gegründet, zuerst besonders in Nordfrankreich, und zogen junge Männer mit Talent und Ehrgeiz an. Im Lauf des 12. Jahrhunderts waren die Grundlagen ausreichend, daß die Schulen zu Universitäten werden konnten. Ende des 15. Jahrhunderts hatte Europa über 70 Universitäten, die über Nationengrenzen hinweg Wissen verbreiteten.

In allen Lehrinstitutionen war die Standardmethode spätestens ab der karolingischen Zeit die „Lesung" eines Texts mit Studenten. Der Magister begann gewöhnlich mit einer Einführung *(accessus)*, in der er erklärte, wer der Autor war, welche Absicht er beim Schreiben hatte, zu welchem Teil der Philosophie das Buch gehörte und welcher Nutzen darin lag, es zu studieren.[1] Mit der Zeit entwickelten sich die Textkommentare von oftmals bloßen Erklärungen zur grammatikalischen Struktur oder Synonymen für schwierige Wörter zu Anmerkungen über Schwierigkeiten im Text. Im frühen 12. Jahrhundert konnten solche Anmerkungen schon recht lang sein und Querverweise auf andere Texte oder auf die Meinungen rivalisierender Magister enthalten. Peter Abälards Vorlesungen über die dialektischen Lehrbücher offenbaren einen lebhaften Austausch dieser Art im Paris seiner Zeit. Aus diesen immer längeren kritischen Kommentaren erwuchsen *quaestiones* (Untersuchungen). Mitte des 12. Jahrhunderts reservierten sich Simon von Tournai und andere eine Zeit am Nachmittag, in der Themen, die in den Vorlesungen aufgekommen waren und zu komplex waren, um während der Lesung nebenher behandelt zu werden, in Ruhe vertieft werden konnten. Diese Gespräche wurden zu „Disputationen", in denen Lehrer und Schüler sowohl langfristige als auch gegenwärtig aktuelle Fragen diskutieren. Die Disputationen erwiesen sich als willkommenes Mittel für den frischgebackenen Magister, seine Fähigkeit zu beweisen und Schüler zu gewinnen; bei besonderen Anlässen waren sie eine Chance für eine Zurschaustellung von Gelehrsamkeit und Schlagfertigkeit, die im späteren Mittelalter manchmal fast theatralisch war. Die Thesen, über die diskutiert werden sollte, wurden vorab angeschlagen, und die Disputation zog nicht nur ein Universitätspublikum an, sondern eine große Menge Stadtbewohner, die kamen, um einen zünftigen Kampf zu erleben. Es war gerade ein solcher Anlaß, als Luther 1517 seine 95 Thesen an die Kirchentür von Wittenberg schlug.

Zwar war die Grundmethode, „einen Text zu lehren", den Fakultäten der Freien Künste und der Theologie gemeinsam, ebenso wie der Brauch der Disputation, um Einzelfragen zu behandeln, doch die Geltung der klassischen philosophischen Texte war nicht in allen Fakultäten der Universitäten gleich. Sie konnten als „Autoritäten" für ein theologisches Argument zitiert werden; aber nur in den Fakultäten der Freien Künste wurden sie als Lehrbücher studiert. Selbst dort gab es gewisse Unterschiede. Paris war immer wichtig für Logik, und selbst im 12. Jahrhundert hatte sein Studium der Freien Künste einen ausgezeichneten Ruf. Von der Mitte des 13. Jahrhunderts an waren Aristoteles' naturwissenschaftliche Bücher, die *Libri naturales,* fester Bestandteil des Lehrplanes, besonders in Paris. Im Oxford des 14. Jahrhunderts finden wir jedoch die Hochblüte der Mathematik und Naturwissenschaft. Paradoxerweise beanspruchten einerseits die Fakultäten der Freien Künste die philosophischen Texte als ihr besonderes Forschungsgebiet, andererseits wurde aber oft in der Theologie der kreativste und tiefsinnigste Gebrauch von ihnen gemacht; denn ältere Studenten, die den Studiengang der Freien Künste absolviert hatten, wandten dann philosophische Prinzipien bei den anspruchsvollsten Fragen an, die sich in der Theologie stellten.

Als Aristoteles' Werke über Naturwissenschaft und Metaphysik im 13. Jahrhundert bekannt wurden, lösten sie in Paris eine Krise aus. 1210 wurde die Lehre dieser Werke bei der Provinzialsynode von Sens verboten; der Vorsitzende, Erzbischof Petrus von Corbeil, war selbst in den 1190er Jahren Magister für Theologie und Kirchenrecht in Paris gewesen.[2] Gleichzeitig wurden zwei zeitgenössische Gelehrte in den Bann getan. Die Vernichtung der Bücher Amaurys von Bène und Davids von Dinant radierte ihre Lehre so erfolgreich aus, daß es heute schwierig ist, sie genau zu rekonstruieren.[3] Die Verknüpfung der Probleme dieser beiden *haeretici* und des Aristoteles ist ebenso aufschlußreich wie irreführend. Sie zeigt uns, daß das Studium des Aristoteles als Gefährdung der Orthodoxie empfunden wurde. Doch sie verschleiert den Charakter des Studiums selbst und die Neuartigkeit der Gefahr, die von ihm ausging.

Es scheint kaum Zweifel daran zu geben, daß die Kampagne für den Kirchenbann von der theologischen Fakultät Paris angeführt wurde.[4] Die unterschwellige Rivalität zwischen den Magistern der Künste und den Magistern der Theologie konnte erst auf diese Weise zutage treten, als die Organisation der Universität so entwickelt war, daß sich Fakultäten bildeten. Im 12. Jahrhundert finden wir einige Hinweise darauf, daß zum Beispiel Magister, die Logik lehrten, dazu neigten, theologische Beispiele zu meiden, so verlockend manche Fragen für einen Logiker auch waren.[5] Der Hintergrund wird durch die zornige Bemerkung des hl. Bernhard und anderer gegen Peter Abälard deutlich, es sei eine ernste Sache, sich zum Theologen aufzuwerfen; es erfordere ein langes Studium und Demut von einem Gelehrten. Abälard hatte Anstoß erregt, weil er über Nacht von den Künsten zur Theologie übergegangen war und behauptete, er könne ebenso viel leisten wie jeder Profi. Neben diesem Gefühl der Schicklichkeit und Achtung vor dem höchsten Betätigungsfeld für den menschlichen Intellekt muß man allerdings die praktische Überlegung sehen, daß jeder die Freien Künste studierte, Theologie aber schon im 12. Jahrhundert ein höheres Studium war, das relativ wenige nach Beendigung des artistischen Studienganges anschlossen.[6]

Die Pariser Theologen waren 1210 alarmiert, daß Magister der Künste in ihrem Gebiet wilderten, mit Aristoteles unter dem Arm, und zwar nicht nur den mittlerweile recht vertrauten logischen Werken, sondern Büchern über Themen, die zum Studium des Wesens Gottes selbst, der Erschaffung der Welt und der Natur des Menschen gehörten – weit mehr, als im 12. Jahrhundert zur Verfügung gestanden hatte. David von Dinant selbst hatte anscheinend die neu aufgetauchten Texte als einer der ersten studiert und war gleichzeitig ein erstes Paradebeispiel für einen Gelehrten, dem unter ihrem Einfluß der Sinn für die Orthodoxie abhanden gekommen war.[7] Der Bann von 1210 sollte diesen gefährlichen Trend an der Wurzel treffen, indem er die Lehre des neuen, „naturwissenschaftlichen" Aristoteles an der Fakultät der Freien Künste verbot.

Die Furcht der Pariser Theologen war so ansteckend, daß Robert Courson sie 1215 als päpstlicher Legat noch einmal in erweiterter Form äußerte. Sein Text mischt die Zwecke von Statut, Privileg und Bann. Er legt den Status-Unterschied zwischen Magistern der Künste und Theologen anhand ihres Mindestalters und ihrer Qualifikationen offen. Ein Magister der Künste muß mindestens einundzwanzig Jahre alt sein und sechs Jahre Studium der *artes* hinter sich haben. Niemand darf Theologie lehren, bevor er fünfunddreißig ist, und er muß mindestens acht Jahre studiert haben, fünf davon Theologie.[8] Es gibt eine Liste der Aristoteles-Werke, die in Vorlesungen über Freie Künste behandelt werden dürfen. Diejenigen über Metaphysik und Naturphilosophie *(de metafisica et de naturali philosophia)* sind verboten, ebenso wie *Summae* ihres Inhalts. Der Bann kam in die zeitgenössische ‚Presse'. Mehrere Chronisten erwähnen ihn, und zwar im Zusammenhang mit der Befürchtung, daß das Studium des neuen Aristoteles über Naturphilosophie und Metaphysik „subtilen häretischen Meinungen Vorschub leisten möchte"[9].

Es muß kaum gesagt werden, daß die Verbote von 1210 und 1215 unwirksam waren. Aristoteles wurde weiter studiert, wenn auch nur inoffiziell und privat innerhalb der Universität, und im Lauf etwa des nächsten Jahrzehnts wurde es möglich, etwas ruhiger zu sichten, was dies Studium implizierte, und über die örtlichen Rivalitäten hinauszuschauen, deren Grund in der Bereitschaft hergelaufener Magister der Künste lag, mit ihrem neuen Wissen in das Territorium der Theologen einzudringen. Im Juli 1228 schrieb Gregor IX. eine gemäßigte, vorsichtig formulierte Warnung an die Gelehrten in Paris, gleichsam in seidene Worte gewickelt. Ein, zwei Jahre später folgte *Parens scientiarum* von 1231. Zusammen begründen beide Texte zwar keine Wendung um 180 Grad, aber sicher eine erhebliche Veränderung in der Einstellung zu den verbotenen Aristoteles-Schriften. In seinem ersten Brief spricht Gregor allgemein über die Beziehung zwischen Theologie und Philosophie. Er beginnt mit einer klassischen Darstellung der richtigen Weise, „die Ägypter zu plündern" (Ex. 11,7). Der *theologicus intellectus* sollte der dominierende Partner sein, wie ein Mann in seiner Beziehung zu einer Magd, die er von einem Feind erbeutet hat. Es sollte keine Vermengung *(commixtio)* von Philosophie und Theologie geben. Die Theologie sollte nach der anerkannten Tradition vorgehen. Wenn der Glaube auf einer Struktur aus Argumenten sein Gleichgewicht findet, ist er eitel und nutzlos; denn Glaube hat kein Verdienst aufzuweisen, wenn er vom menschlichen Verstand abhängt. Gregor nennt Aristoteles hier nicht und bezieht sich nicht direkt auf die Verbote von 1210 und 1215.[10] *Parens scientiarum* ist expliziter. Gregor genehmigt den Gebrauch der *Libri naturales,* wenn sie durch eine von ihm eingesetzte Kommission von Irrtümern gesäubert sind, beschränkt sie aber auf die Fakultät der Künste.[11] Die Mitglieder dieser Kommission, den Erzbischof Wilhelm von Beauvais und zwei Kanoniker von Reims, weist er schriftlich an, nach allem in den Büchern zu suchen, das *virulens* „oder auf andere Weise bösartig“ ist, „was die Reinheit des Glaubens beeinträchtigen könnte“[12]. Er akzeptiert, daß es im neuen Aristoteles neben dem Gefährlichen auch Nützliches gibt, und sein Ziel ist einfach, zu verhindern, daß den Gläubigen Stolpersteine in den Weg gelegt werden.[13]

Dies sieht nach „Schadensbegrenzung“ aus. Es war klar geworden, daß das Studium der aristotelischen *Libri naturales* nicht durch ein Verbot zu unterbinden war. Die Universität Toulouse, die neu gegründet worden war und heftig um Kundschaft warb, hatte 1229 in einem Rundschreiben an andere Universitäten versprochen: „Die Bücher über Naturwissenschaft, die in Paris verboten worden sind, können dort von jenen gehört werden, die den Geheimnissen der Natur ins Herz blicken möchten.“[14] Ohnehin wurden die Ideen dieser Bücher bereits verbreitet und infiltrierten den theologischen Diskurs selbst. Gregor wird gewußt haben, daß sein Versuch, sie säubern zu lassen, erfolglos bleiben mußte; denn der zu beanstandende Stoff war jetzt nicht mehr endgültig loszuwerden. Jedenfalls beendete seine Kommission ihre Arbeit nie, weil Wilhelm von Beauvais kurz nach seiner Berufung starb.

Innerhalb von zwei Jahrzehnten bürgerte sich ein Muster ein. Einerseits hatten die Bücher, die zur Beunruhigung geführt hatten, einen festen Platz im Lehrplan der Freien Künste. In Paris nennen die Statuten von 1255 die *Physik*, die *Metaphysik*, *De animalibus* (Von Tieren), *De caelo et mundo* (Von Himmel und Erde), Teile der *Meteorologie*, *De anima* (Von der Seele), *De generatione* (Von der Fortpflanzung), *De sensu et sensato* (Von den Sinnen und dem sinnlich Erfaßbaren), *De somno et vigilia* (Von Schlafen und Wachen), *De plantis* (Von Pflanzen), *De memoria et reminiscentia* (Von Gedächtnis und Erinnerung), *De differentia spiritus et animae* (Über den Unterschied von Geist und Seele), *De morte et vita* (Von Tod und Leben) und *De causis* (Von den Ursachen) – unter ihnen natürlich nicht nur reiner Aristoteles.[15] Die Dozenten bekommen eine Mindestzeit zur Behandlung jedes Buches vorgeschrieben, dürfen aber länger brauchen. Andererseits werden Zeichen der Belastung im System sichtbar, als die Magister der Theologie und Kanzler Odo von Paris 1241 eine Reihe von Irrtümern verurteilen.[16]

In den 1260er und 1270er Jahren gab es Verdammungen und Hetzkampagnen, die sich auf Averroes wie auf Aristoteles bezogen. Ein Statut der Pariser Artistenfakultät besagt 1272, daß Magister der Künste keine philosophischen Fragen abhandeln dürfen, und daß sie dort, wo sie Fragen behandeln, die den Glauben ebenso wie die Philosophie betreffen, nie zu einem Schluß kommen dürfen, der zu Lasten der Orthodoxie geht.[17] Wenn Ockham eine Meinung zur Diskussion stellt, die gegen etwas, das in der Schrift steht, gegen die Festlegung und Lehre *(determinatio et doctrina)* der römischen Kirche oder gegen das Urteil *(sententia)* kirchlich anerkannter Doktoren verstößt, so macht er sich, wie er betont, diese Meinung nicht zu eigen, sondern er spricht nur „in der Person“ eines Menschen, der sie vertritt.[18] Die Pariser Artistenfakultät erließ 1339 ein Dekret gegen die Verbreitung der neumodischen Lehren des Wilhelm von Ockham, solange man noch keine Zeit gehabt hatte, sie daraufhin zu prüfen, ob sie auch nichts dem Glauben Schädliches enthielten. Das Dekret tadelt jene, die bei der *disputatio* so viel Unruhe mit Zwischenfragen stiften, daß die Wahrheit des Schlusses, zu dem man gelangt, verdunkelt wird, so daß jene, die zu den Disputationen gehen, um zu hören und zu lernen, nicht von ihnen profitieren können. Ein Statut von 1340 schreibt dann fest, daß jeder Magister verpflichtet ist, sein Bestes zu tun, um Irrtümer zu meiden und sich nicht auf Argumentationslinien einzulassen, die zu Irrtümern führen können. Einigen Mitgliedern der Artistenfakultät wird vorgeworfen, sie schwelgten in schädlichen Subtilitäten, nicht nur in der Philosophie, sondern auch in ihren Kommentaren über theologische und biblische Themen.[19] Mitte des 14. Jahrhunderts erwähnt Buridan den Eid, den Dozenten der Freien Künste im vorangegangenen Jahrhundert ablegten: daß sie keine theologischen Fragen abhandeln werden, und daß sie, wenn sie zufällig auf solche Themen stoßen, immer zugunsten der orthodoxen Lehre der Kirche entscheiden werden.

Anmerkungen

1 Beispiele bei Huygens.

2 „I divieti", S. 6.

3 G. Théry, „Autour du décret de 1210, I, David de Dinant", *Bibliothèque Thomiste* VI, Le Saulchoire 1925, S. 7ff.

4 G. Leff, *Paris and Oxford Universities in the Thirteenth and Fourteenth Centuries,* New York 1968, S. 192.

5 *Logica Modernorum,* ed. L.M. de Rijk, Assen 1971, 2 Bde., hat ausgezeichnete Indices der von den Logikern behandelten Standardfragen.

6 Vgl. J.W. Baldwin, *Masters, Princes and Merchants,* Princeton 1970, zur Zahl der Magister, die am Ende des 12. Jahrhunderts Theologie lehrten.

7 Théry, op. cit.

8 „I divieti", S. 10–14.

9 Ibid., S. 101.

10 Ibid., S. 72ff.

11 Ibid., S. 95.

12 Ibid., S. 101.

13 L. Thorndike, *University Records,* New York 1944, Nr. 20.

14 „I divieti", S. 92.

15 Thorndike, S. 64.

16 Ibid., S. 47.

17 P. Mandonnet, *Siger de Brabant et l'Averroisme Latin au XIIIe siècle,* Louvain 1911, S. 90ff.

18 Thorndike, op. cit., S. 85.

19 Ockham, *Tractatus de Quantitate, Opera Theologica,* X, New York 1986, ed. C. Grassi, S. 5f.

Der Einfluß griechischer und römischer philosophischer Texte auf die christliche Theologie des Mittelalters war sowohl direkt als auch indirekt. In vielen Fällen waren die Bücher verfügbar und konnten selbst gelesen werden. Doch es gab auch mehrfache Überlagerungen von Einflüssen. Macrobius kommentierte zum Beispiel Ciceros *Traum des Scipio* und lieferte seinen mittelalterlichen Lesern dabei Material über pythagoreische Mathematik, platonische Kosmologie und vieles andere. Christliche Kirchenväter dienten selbst als Medium für die Verbreitung klassisch philosophischer Ideen im mittelalterlichen Abendland, vor allem Augustinus, aber auch Origenes, Hieronymus, Gregor der Große zusammen mit Ambrosius von Mailand, der einen Einblick in die kappadokischen Kirchenväter und durch sie in weitere Elemente im Hintergrund griechischen Denkens gibt. Und natürlich war es möglich, daß ein Gelehrter manchmal allein auf ein Problem oder seine Lösung stieß und dann seine Position mit Autoritäten absicherte.

Die wichtigste Barriere gegen die direkte Überlieferung besonders der griechischen Texte war die Sprache. Zur Zeit des Augustinus war es für einen Gebildeten lateinischer Zunge ein wenig peinlich, nicht fließend Griechisch zu lesen. Zur Zeit Gregors des Großen (um 540–604) trennte die Sprachbarriere das Reich so deutlich, wie es der politischen Situation entsprach. Beda kannte nur ein paar griechische Worte. Johannes Scotus Eriugena (um 810–877) stand in der karolingischen Zeit fast allein mit seiner Beherrschung von Sprachen, die man inzwischen im Abendland eher aus Büchern lernen konnte als von Menschen, deren Muttersprachen sie waren. Boethius sah deutlich, daß griechische Werke für Lateiner zunehmend unzugänglich wurden, ja, daß das Erbe der Griechen in Gefahr war, und nahm daher das Projekt in Angriff, den ganzen Plato und Aristoteles zu übersetzen. Er hatte erst einen kleinen Teil davon vollendet, als er starb. Offensichtlich hatte er recht; denn der Westen mußte bis ins zwölfte Jahrhundert mit dem auskommen, was er, Boethius, übersetzt hatte. Erst dann machten Übersetzungen arabischer Aristoteleswiedergaben und in geringerem Umfang direkt aus dem Griechischen das griechische Denken wieder in größerer Vollständigkeit verfügbar. Man kann durchaus sagen, daß die gesamte Geistesgeschichte des Abendlandes bis dahin von dem Zufall geformt wurde, der ihr wenig von Aristoteles und fast nichts von Plato vermittelte.

Boethius' Zeitgenosse Cassiodorus sah ebenfalls, daß im Westen der Verlust der griechischen Bildung drohte; doch sein Plan war, den wichtigsten Stoff der einzelnen Disziplinen in Enzyklopädien zusammenzufassen, die im Unterricht verwendet werden konnten. Seine *Institutiones* dienten diesem Zweck und wurden ein Vorbild für Isidors *Etymologiae* und später die karolingischen Enzyklopädisten. Naturgemäß konnten sie jedoch wenig tun, um das ernsthafte philosophische Forschen in Gang zu halten oder zu fördern.

Die Tradition der griechischen Philosophie blieb also nach dem Fall des Römischen Reiches viele Jahrhunderte lang im sprachlichen Abseits. Sie war ohnehin im ganzen Mittelalter in ihrem Einfluß beschränkt; denn sie mußte auf Latein gelesen werden, und die lateinische Sprache blieb ein weniger geeignetes Medium für abstrakte Spekulation als die griechische, trotz Ciceros Bemühungen, sie zu erweitern und anzupassen, und trotz Boethius' Versuchen, auf dessen Leistung aufzubauen. Im Hochmittelalter wurde das Lateinische ein technisch exaktes Instrument für die Zwecke der Logiker und Metaphysiker, aber es kam dem Altgriechischen an Feinheit des Ausdrucks nie gleich. Zu diesem der lateinischen Sprache innewohnenden Nachteil kam die Ungeschicklichkeit und oft Fehlerhaftigkeit von Übersetzungen hinzu, die in dem ernsten Bemühen angefertigt wurden, Wort für Wort zu übertragen; die Übersetzer beherrschten das Griechische fast nie so flüssig wie das Lateinische, und im 12. und 13. Jahrhundert übertrugen sie gelegentlich aus einer arabischen Fassung statt dem griechischen Original.

Roger Bacon, ein leidenschaftlicher Fürsprecher des Sprachenstudiums, führte die relative Armut der lateinischen Philosophie im Altertum auf das Versäumnis zurück, alle Werke der Griechen ins Lateinische zu übersetzen. Er meinte, die Werke Platos seien den Römern generell bekannt gewesen, nicht aber die des Aristoteles, weil er Platos Gegner gewesen war. Er lobt Augustinus, der (wie er glaubte) die *Kategorien* (des Aristoteles) für seinen Sohn übersetzt hatte, und erwähnt, daß Boethius einen Teil der aristotelischen Logik übersetzt habe *(Opus maius* I.xiii).

Nun ist Bacon zwar ein Exzentriker; doch es lohnt sich, einen Augenblick bei seiner Darstellung der Überlieferung klassischer Bildung zu verweilen. Gibt sie uns doch einen Einblick, wie Gelehrte des 13. Jahrhunderts es selbst einschätzen, was geschehen war und wie ihre Quellen zu ihnen gekommen waren. Bacon hält es für wichtig, die christliche Geschichte und die Philosophiegeschichte miteinander zu verbinden. Gott, schreibt er, hat den heidnischen Philosophen des Altertums Weisheit offenbart; dies kann mit Aristoteles, Cicero und Augustinus bewiesen werden (*Opus maius* II.vi). Er benutzte die Patriarchen des Alten Testaments als Lehrer. Josephus berichtet, daß Noah und seine Söhne die Chaldäer in der Philosophie unterwiesen und daß Abraham die Ägypter lehrte. Sogar Aristoteles räumt ein, daß die Philosophie mit den Patriarchen begonnen habe (*Opus maius* II.ix). Die klassische Philosophie entwickelte sich von dort aus parallel zur Bildung der Juden (*Opus maius* II.ix–x). Bacon kannte die Namen und „Schulen" griechischer Denker von Thales von Milet über die Pythagoräer bis zu Sokrates, Plato und Aristoteles. Er kann zwischendurch Anaximander, Anaximenes, Anaxagoras, Archelaus nennen. Er akzeptiert nicht, daß Plato beim Propheten Jeremia studiert habe, wie manche Zeitgenossen glaubten, weil die Chronologie nicht stimmte (*Opus maius* II.xi–xii). Er sieht Aristoteles als den größten und letzten dieser Linie an, einen Philosophen, dem es fast gelang, die Philosophie zu der Vollkommenheit zurückzuführen, in der sie den Patriarchen einst gegeben worden war. Doch auch er machte Fehler, und was er sagte, kann noch verbessert werden (*Opus maius* II.xiii). So sieht Bacon die philosophische Tradition als gottgegeben an und parallel zur christlichen Tradition, fühlt sich aber gleichzeitig frei, die Werke der Philosophen zu kritisieren und zu verbessern.

Dies mußte er rechtfertigen; denn das Erbe der klassischen philosophischen Bildung ging nicht leicht in die christliche Tradition ein. Das lag daran, erklärt Bacon, daß die Heiden die Christen zuerst verfolgten und die Kirche sich Philosophen gegenübersah, die auch Feinde waren. Außerdem erschienen diese feindlichen Philosophen den Christen, wie er sagt, als durch das Studium der magischen Künste intellektuell und moralisch verdorben. Dieser Verdacht habe sich gehalten, obwohl er nicht mehr berechtigt sei. Seinetwegen, erklärt Bacon, war es den Christen unbehaglich, die Philosophen zu verwenden, und sie mußten auf die meisten Schriften des Aristoteles warten, bis moslemische Gelehrte sein Werk ans Licht brachten und bis deren Arbeit ins christliche Abendland gelangte (*Opus maius* II.xiii und I.xiv–xv).

Das frühchristliche Denken war von einem diffusen Platonismus durchdrungen. Dieser war während der ersten christlichen Jahrhunderte eine lebendige und kreative philosophische Tradition, und christliche Leser sahen die Ähnlichkeit im Denken. Augustinus hatte sich unseres Wissens nie die Mühe gemacht, Ciceros Übersetzung eines Teils von Platos *Timaios* besonders zu studieren, Chalcidius' Kommentar dazu aus dem 4. Jahrhundert aufzuspüren oder nach den anderen Dialogen zu forschen, die er in Karthago oder Rom hätte finden können. Doch er war fasziniert, als ein Bekannter ihm Marius Victorinus' neue Übersetzung von Plotin und Porphyrius zeigte. Dort las er, wie er sagt, vom Wort Gottes, das im Anfang bei Gott war und durch das alles geschaffen ist (*Bekenntnisse* VII.9). Dies und vieles mehr ließ ihn eine Wahrheit jenseits der Sinneswahrnehmung ahnen, und er begann, endlich den intellektuellen und geistlichen Hunger zu stillen, der ihn seit über einem Jahrzehnt nach einem philosophischen und religiösen System suchen ließ, das ihn nicht im Stich lassen würde (*Bekenntnisse* VII.20). So wurde seine Bekehrung zu einem Christentum vorbereitet, das für Augustinus immer in Harmonie mit einem Großteil der platonischen Lehre blieb. Der Platonismus lehrte ihn zum Beispiel das Prinzip, daß Sünde und Böses eine Trübung im Geist schaffen, und gab ihm eine Vorstellung von einem allgegenwärtigen, unwandelbaren Gott (*Bekenntnisse* VII.20). Vieles konnte der Platonismus jedoch nicht für ihn tun, erklärt er. In der Bibel entdeckte er Wahrheiten, die das Verstehen der Philosophen überstiegen (*Bekenntnisse* VII.21). Doch für Augustinus – und für andere vor ihm, die die anspruchsvollsten philosophischen Werke ihrer Zeit dafür nutzen wollten, christliche Wahrheit zu verstehen und auszudrücken – gab es eine beruhigende Menge von Gemeinsamkeiten.

Der Platonismus förderte eine Betonung des Geistigen und nach oben Strebenden, wo die klare Luft der Gotteserkenntnis durch Selbstverleugnung, Unterwerfung des Fleisches und die Kultivierung intellektueller Reinheit erreicht wurde und wo die Seele eines Menschen sich über seine niedrigere Natur erheben konnte. Christus konnte als der höchste Verstand, die Weisheit Gottes angesehen werden. Es kam Augustinus nicht nur richtig, sondern natürlich vor, nach seiner Bekehrung eine Weile in die „philosophische Abgeschiedenheit" in Cassiciacum zu gehen, um mit Freunden über Dinge wie die Natur des glückseligen Lebens *(De beata vita)* und die Ordnung des Universums *(De ordine)* zu diskutieren.

Es war de facto weithin Augustins Schriften zu verdanken, daß vieles von Platos Denkgebäude so stark und fest mit der christlichen Tradition im Abendland verbunden wurde. Doch auch die Tradition des Pseudo-Dionysius spielte eine Rolle. Im fünften Jahrhundert schrieb Proclus ein Buch, betitelt *Elemente der Theologie,* das bei seinen Zeitgenossen umstritten war.[1] Es provozierte unter anderem eine Reihe von Werken eines Autors, der als Pseudo-Dionysius Areopagita bekannt geworden ist. Darin wird die Hierarchie des Universums recht detailliert ausgearbeitet, und dem Menschen wird das Ziel gesetzt, darin aufzusteigen bis zu einer Vereinigung mit Gott. Weil sie als Schriften des Dionysius galten, der von Paulus bekehrt wurde, hatten sie in den folgenden Jahrhunderten fast apostolische Autorität, und durch Pseudo-Dionysius hatte Proclus erheblichen Einfluß auf das östliche wie das westliche Christentum des Mittelalters. Seine *Elemente der Theologie* selbst wurden von Michael Psellus im Byzanz des 11. Jahrhunderts verwendet; doch im Westen wurden sie erst durch Wilhelms von Moerbeke Übersetzung von 1268 auf Latein zugänglich.

Platos *Timaios* war zusammen mit Chalcidius' Kommentar lange vor jedem anderen platonischen Werk im Westen auf Latein verbreitet. Er war besonders interessant für das 12. Jahrhundert, denn er handelt von der Schöpfung und stellt eine Herausforderung der christlichen Lehre sowohl in seiner Aussage zum Problem der Schöpfung aus dem Nichts *(creatio ex nihilo)* als auch in seiner Behandlung der Weltseele *(anima mundi)* dar. Peter Abälard versucht, den unterschiedlichen Sprachgebrauch des „Christen" und des „Philosophen" zu erklären, der es „den Philosophen" ermöglicht, von der „Zeugung der Welt" *(genitura mundi)* und von Gott als *Genitor universitatis* (Vater des Universums) zu sprechen, ohne mehr damit zu meinen, als daß die Welt „von" *(ab)* Gott ist; für den Christen hingegen beschränkt sich die „Zeugung" auf die Beziehung zwischen Vater und Sohn in der Trinität (CCCM XII, S. 82). Thierry von Chartres schreibt über die sechs Tage der Schöpfung mit einem Seitenblick auf Chalcidius (TC, S. 555ff.). Gilbert von Poitiers hat vor allem Platos Gedanken zur *prima materia* im Sinn, wenn er beschreibt, wie die Naturwissenschaft Materie und Form untersucht (über Boethius' *De Trinitate,* GP, S. 80).

Im späteren 12. Jahrhundert übersetzte Henricus Aristippus den *Phaidon* und den *Menon.* Zum größten Teil blieben Platos Werke dem mittelalterlichen Abendland jedoch unzugänglich. Wilhelm von Auvergne spekuliert, was Plato selbst wohl zu einer bestimmten Frage gesagt hätte[2], und Guido von Rimini konnte im 14. Jahrhundert nur von Aristoteles' Kritik an Plato sprechen, nicht aber sagen, wie Plato selbst geantwortet haben könnte.[3] Der tiefe Einfluß, den Plato auf das mittelalterliche Denken ausübte, fand seinen Weg weiterhin zumeist indirekt durch die Werke späterer Platoniker und die Kirchenväter, die deren Gedanken verwendet hatten.

Aristoteles

Bei Aristoteles liegen die Dinge ganz anders. Den mittelalterlichen Gelehrten wurden nacheinander zuerst ein Teil seiner Logik und dann fast das gesamte Corpus in lateinischer Übersetzung zugänglich gemacht.

Am Ende des 3. Jahrhunderts n.Chr. waren die sechs Bücher der aristotelischen Logik, später „Organon" genannt[4], mit Kommentaren des Porphyrius aus dem 3. Jahrhundert die Standard-Lehrbücher für Logik. Porphyrius hatte hier einen eigenen Einfluß, sichtbar bei Boethius' Zeitgenossen Ammonius (um 440 – um 520), Philoponus und Simplicius sowie bei Boethius selbst. Apuleius' *Perihermeneias* aus dem zweiten Jahrhundert war ebenfalls im Gebrauch und blieb dem Abendland im frühen Mittelalter zugänglich. Doch der Kern der logischen Literatur, der die Grundlage des frühmittelalterlichen Studiums bildete, war aristotelisch. Weil zeitweise alles außer Boethius' Übersetzung der *Kategorien* und des Buches *De interpretatione* verschollen war, überlieferte er dem Mittelalter nur eine begrenzte aristotelische Logik. Sie wurde allerdings ergänzt durch Boethius' eigene Kommentare zu diesen Büchern und zur *Isagoge* des Porphyrius sowie durch seine Monographien über verwandte Themen. Eine erhebliche Lücke war ein Textbuch über *Topik.* Da diese Schrift des Aristoteles fehlte, wurde die Lücke für mittelalterliche Gelehrte von Ciceros *Topica* (die allerdings Aristoteles einiges verdankt) und von Boethius' *De differentiis topicis* ausgefüllt, einem Versuch, die gegensätzlichen Schulen der Antike in ihrem Denken über dieses Thema zu versöhnen. Ciceros *Topica* führte zu einer weiteren nützlichen Schrift. Er merkt an (VI.28), es gebe Arten von Definitionen, die er nicht abhandele; Marius Victorinus griff diese Herausforderung auf und versuchte in seinem *De definitione,* die Liste zu vervollständigen. Die *Decem Categoriae,* die man für ein Werk Augustins hielt, und Augustins einführende *Dialectica* wurden, mit Zusammenfassungen von Enzyklopädisten, ebenfalls benutzt. Mit Hilfe dieser Werke konnte der Student lernen, zu klassifizieren und zu definieren, Sätze und einfache Syllogismen zu konstruieren. Er konnte einen Einblick in die Fehlermöglichkeiten bekommen. Er wurde in etlichen Fragen von tiefer, über die Logik hinausreichender philosophischer Bedeutung zur Spekulation geführt: über die Natur der Sprache, Bedeutung, Bezug, das Problem künftiger kontingenter Ereignisse. Hier war reichlich Stoff für ernste philosophische Arbeit; doch erst im 11. Jahrhundert scheinen mehr als einige Ausnahmepersönlichkeiten etwas daraus gemacht zu haben.

Diese beschränkte und mit Fremdem durchmischte aristotelische Logik wurde im 12. Jahrhundert durch das Auftauchen von Übersetzungen der übrigen Bücher des „Organon“ verwandelt. Die Übersetzungen, die Boethius von der *Ersten Analytik,* der *Topik* und den *Sophistici Elenchi* angefertigt hatte, wurden um 1120 wiederentdeckt. Jakob von Venedig und ein unbekannter Johannes übersetzten die *Zweite Analytik;* sie gelangte als letztes aristotelisches Werk zur Logik an die mittelalterliche Öffentlichkeit und kam den Zeitgenossen scheußlich schwierig vor, so daß sie bis zum Ende des Jahrhunderts und zum Beginn des nächsten nicht viel benutzt wurde. Am attraktivsten waren die *Sophistici Elenchi* mit ihren reizvollen sophistischen Rätseln und ihrer Eignung, etliche Schwierigkeiten im Text der Bibel zu lösen, wo eine Passage der anderen zu widersprechen schien. Petrus Cantor nutzte sie in *De tropis loquendi* am Ende des Jahrhunderts ausgiebig für diesen Zweck.

Einige der *Libri naturales* wurden im 12. Jahrhundert ebenfalls ins Lateinische übertragen. Jakob von Venedig übersetzte die *Physik, De anima,* die *Metaphysik* und fünf der Abhandlungen, die von späteren Gelehrten *Parva Naturalia* genannt wurden. Henricus Aristippus übersetzte vor seinem Tod 1162 Buch IV der *Meteorologica,* und Gerhard von Cremona übertrug danach die ersten drei Bücher aus dem Griechischen. Ebenfalls im 12. Jahrhundert wurden *De generatione et courruptione, De sensu, De somno* aus dem Griechischen ins Lateinische übersetzt, sowie von gleichermaßen unbekannten Übersetzern die *Metaphysik* (bis Buch X – Jakob von Venedig hatte beim 4. Buch aufgehört) und ein Teil der *Nikomachischen Ethik.* Aus dem Arabischen übersetzte Gerhard von Cremona Texte der *Meteorologica* 1–3, die *Physik, De caelo* (Vom Himmel) und *De generatione et corruptione* (Vom Entstehen und Vergehen). Äußerst wichtig war der Kontakt mit arabischen Gelehrten, die seit langem den kompletten Aristoteles besaßen und selbst seit Generationen sowohl über Aristoteles als auch über die von ihm behandelten philosophischen und wissenschaftlichen Themen schrieben. Die christlichen „Pioniere“, die auf der Suche nach griechischer philosophischer Literatur im 12. Jahrhundert ins moslemische Spanien und andere Länder reisten[5], kamen mit mehr zurück, als sie erwartet hatten – nicht nur an Texten, sondern auch an arabischer Bildung selbst. Freilich hatten sie auch eine Menge Pseudo-Aristoteles im Gepäck: *De plantis* (tatsächlich von Nicolaus Damascenus aus dem 1. Jahrhundert n.Chr.), Costa ben Lucas *De differentia spiritus et animae* (Über den Unterschied von Geist und Seele) und vor allem *De causis* (Von Ursachen), das tatsächlich Proklus' *Institutio theologica* in einer arabischen Paraphrase war. Bis zum Ende des 12. Jahrhunderts lagen Werke arabischer Gelehrter wie Al-Kindi, Al-Gazel, Al-Farabi, Avicebron-Avencebrol[6] und Avicenna in lateinischer Übersetzung vor, und sie alle lehrten viel Aristotelisches.

Trotzdem wurden Aristoteles' Werke, mit Ausnahme der logischen, im 12. Jahrhundert wenig benutzt. Der notwendige Unterbau des Interesses an den Problemen, die die übrigen Werke ansprachen, war noch nicht voll entwickelt. Sie fanden keinen Anklang bei den Akademikern. Es war nicht üblich, daß sie an den Schulen gelehrt wurden. Ein Robert Grosseteste arbeitete sich als Forscher mit Privatinteresse selbständig in unbekanntem Territorium voran.[7] Es fehlten noch einige Schritte, bis Aristoteles komplett vorlag und seinen spätmittelalterlichen Platz als unverzichtbares Werkzeug des philosophischen und theologischen Studiums einnahm. 1220 hatte Michael Scotus die drei Abhandlungen *De animalibus* (Von Tieren) und die Kommentare des Averroes übersetzt. Im frühen 13. Jahrhundert war auch die gesamte Ethik übersetzt, aber Buch I wurde allein verbreitet und ohne den Rest benutzt.[8] Wilhelm von Moerbeke übersetzte, was sonst fehlte, und übertrug den größten Teil des „neuen" Aristoteles noch einmal. Die Logik und die Naturphilosophie des Aristoteles wurden zwei Standardsammlungen; für die naturwissenschaftlichen Texte wurden Wilhelm von Moerbekes Versionen verwendet, während für die Logik Boethius und Jakob von Venedig gängig blieben.[9]

Die arabischen Philosophen, die zur Überlieferung des Aristoteles an das mittelalterliche Abendland beitrugen, hatten einige Fragen der theologischen Kompatibilität zu lösen. Für Avicebron (Avencebrol) und Maimonides, die Juden waren, waren die Probleme noch komplexer. Doch ihre Achtung vor Aristoteles war sehr groß, und in gewissem Maß sind sie alle ebenso Interpreten und Deuter des griechischen philosophischen Denkens wie eigenständig islamische bzw. jüdische Gelehrte. Der wichtigste dieser arabischen „Interpreten" für den Westen war vielleicht Averroes. Jedenfalls schlug man in Kontroversen mit seinem Namen um sich, wenn sich die Philosophie selbständig zu machen und zu vergessen schien, daß sie eine Magd der Theologie war.

Auch Avicennas *Metaphysik* war besonders wichtig, weil sie neben die des Aristoteles gestellt werden konnte. Wie andere Araber ging Avicenna davon aus, daß *De causis* von Aristoteles sei, ebenso wie die „Theologie des Aristoteles", die aus Plotins *Enneaden* geschöpft war, aber im Mittelalter als Aristoteles' Werk galt. Avicenna schrieb deshalb über einen platonisierten Aristoteles; tatsächlich hat er Schwierigkeiten mit den platonischen Elementen und neigt dazu, Aristoteles zu bestätigen, wenn er Plato kritisiert. Doch auch Avicenna selbst stand Aristoteles nicht unkritisch gegenüber und war bereit, alternative und abgewandelte Hypothesen vorzutragen.

Im 15. Jahrhundert begann eine neue Serie von Aristoteles-Übersetzungen und Kommentaren; doch sie gehören zur Renaissance.

Die Stoiker

Am Ende des 3. Jahrhunderts n.Chr. waren die Werke Platos und Aristoteles' schon in gewissem Maß zu Klassikern geworden, und die späteren philosophischen Schulen hatten an Boden verloren. Von diesen hatte die Stoa durch das Werk Senecas und durch Cicero weiterhin einigen Einfluß im Abendland. Senecas *Moralische Briefe (Epistulae morales)* und seine zwölf *„Dialoge"* behandeln Themen wie Philosophie und Freundschaft, Philosophie als Lebensführerin, die wahre Freude, die von der Philosophie kommt, die Abgeschiedenheit, in der der Philosoph leben sollte, das Streben nach Mäßigung; daß Zänkereien eines Philosophen unwürdig sind; daß der Philosoph so leben sollte, daß auch andere zur Philosophie angezogen werden; den Wert der Selbstbeherrschung; die Suche nach dem wahrhaft Guten mittels des Verstandes. Seneca gibt praktische Ratschläge, wie man Philosoph wird, indem man geduldig studiert und nicht versucht, zuviel gleichzeitig zu tun. Er schreibt über die Ruhe des Geistes und über Themen, die auch Augustinus in seiner Abgeschiedenheit in Cassiciacum nach seiner Taufe beschäftigten: das glückselige Leben, die Vorsehung, Muße zum Nachdenken.

Mehr als vielleicht jede andere klassische philosophische Tradition legte die stoische dar, wie man die Philosophie zur Lebensführerin machen und durch sie an Tugend wachsen kann. Hier entspricht das stoische Denken genau der stoischen Physik: Jedes Wesen wird von einem Grundtrieb der Selbsterhaltung geleitet. Der Mensch erreicht sie, indem er systematisch in Harmonie mit der natürlichen Welt lebt, im Licht des menschlichen Verstandes, der den Menschen als rationalen Teil eines rationalen Ganzen sieht. So zu leben ist das höchste Gut des Menschen. Hier gab es keinen erheblichen Widerspruch zu der christlichen Sicht bezüglich der Stellung des Menschen in einem geordneten Universum, obwohl man der Ansicht sein konnte, die stoische Vision bleibe hinter der christlichen zurück.

Das stoische Material zur Naturwissenschaft, speziell Senecas *Naturales quaestiones,* waren das wichtigste Quellenmaterial des Abendlandes in diesem Bereich, bis Ende des 12. Jahrhunderts die *Libri naturales* des Aristoteles auftauchten (man sollte allerdings auch Plinius' *Naturgeschichte* hier mit einschließen).

Auch ein Seneca fälschlich zugeschriebener Text war von einiger Bedeutung. *De copia verborum* (Über die Fülle der Worte) oder *Sententiae,* tatsächlich das Werk des Publilius Syrus, zirkulierte als Seneca-Brief, den er an Paulus geschrieben habe, um dessen Latein zu verbessern; die Schrift war darum fester Bestandteil der christlichen Tradition und ein Grund, Seneca zu akzeptieren – wenn auch nicht als christlichen Autor, so doch zumindest als der christlichen Sache zugetan.

Cicero

Cicero war für den lateinischen Westen des Mittelalters eine wichtige Quelle des Wissens über die klassische Philosophie – in einem Maße, das seine philosophischen Leistungen für sich genommen vielleicht nicht verdienen.

Cicero verlegte sich ernstlich auf die philosophische Schriftstellerei, als er 44 v.Chr. vom politischen Leben ausgeschlossen wurde und in der Philosophie Trost suchen mußte – auch Boethius fand dies später unter noch schmerzlicheren politischen Umständen hilfreich. Er schrieb über Aspekte des (sittlich) guten Lebens, und seine Bücher *Von der Freundschaft, Vom Alter* und *Von den Pflichten* waren in jeder mittelalterlichen Bibliothek zu finden. Sie und die *Tusculum-Gespräche* stimmten an vielen Punkten mit der christlichen Ethik überein. Und obwohl sie die *beata vita* in einem künftigen Leben nicht so auffaßten wie das Christentum, konnten sie als erbauliche Literatur für Mönche und auch als lohnender Stoff für akademische Studien gelten.

Cicero übersetzte einen Teil von Platos *Timaios,* und in *Scipios Traum* wagte er sich in die Kosmologie vor, um seinen Reflexionen über Politik eine wesentlich weitere Perspektive zu geben. Er untersuchte die damals gängigen Argumente über die Natur der Götter *(De natura Deorum)* und führte seinen Lesern die Ansichten aller griechischen Schulen vor; dabei erörterte er ausführlich, welche Gründe dafür sprächen, an die Wirksamkeit der weisen göttlichen Vorsehung und der zum Guten ausgeübten Macht zu glauben. In seinen *Akademikern* betrachtet er die Meriten des Skeptizismus (diese Schrift provozierte Augustinus später zu seinem Buch *Contra academicos).* Außerdem fragt er, welchen Stellenwert das philosophische Streben späterer Generationen haben kann, wenn die Griechen doch alles gesagt haben, was nötig ist, und versucht, die Philosophie wie Plato in drei Bereiche zu unterteilen: das Streben nach Wahrheit, das Streben nach Tugend, das Studium der natürlichen Welt und des dahinter waltenden Mysteriums. Auch hierdurch wurde Augustinus angeregt[10]: Er übernimmt dieses Schema für die *Civitas Dei.*

Die *Topik,* die für Logiker bis zum Bekanntwerden mit der aristotelischen *Topik* unverzichtbar war, ist ebenfalls ein Werk des reifen Cicero. Eine Frühschrift, *De inventione* (Von Einfällen), wurde durch einen Zufall der Überlieferung zu einem Standardwerk für das frühmittelalterliche Rhetorik-Studium, besonders wegen ihrer Relevanz für das Studium des Beweises und somit der Logik.

Macrobius

So konnte der lateinischsprechende Christ, indem er Cicero las, ein recht umfassendes Bild oder mindestens eine Zusammenfassung des griechischen Denkens bekommen. Macrobius' *Kommentar zu Scipios Traum* konnte in einigen Fragen weiterhelfen. Eriugena scheint ihn gekannt zu haben. Er bezieht sich auf die Frage, wo die Hölle innerhalb des Kreises der Planeten und somit „innerhalb des Kreislaufs dieser Welt“ liegt, und kommentiert die Schwierigkeit, daß die Platoniker keine Planeten außerhalb des Kosmos vorsehen, wo die Seele bestraft wird oder ihren Lohn genießt.[11] Es gibt weitere Anzeichen für die Verwendung des Macrobius im 12. Jahrhundert. Rupert von Deutz findet ihn beispielsweise an mehreren Stellen seines Buches *De trinitate et operibus eius* (Von der Dreifaltigkeit und ihren Werken) hilfreich, und viele Autoren, die Aspekte der Kosmologie behandelten, waren mit ihm vertraut.

Macrobius zieht in seinem Kommentar einen weiten Bogen. Er bespricht die Unsterblichkeit der Seele (I.i.5), vergleicht Plato und Cicero und würdigt die Behauptungen etlicher anderer philosopohischer Schulen (er selbst war gegen „die ganze Clique der Epikureer“); er behandelt eine Frage, die im Mittelalter immer von großem Interesse war: die Verwendung von Bildern und Illustrationen, um etwas zu vermitteln, was letztlich die menschliche Einsicht übersteigt, etwa den Gott, die Erste Ursache, die Natur der Ideen; er bespricht den Begriff der Begrenzung in einer langen Abhandlung über Zahlentheorie, die mittelalterliche Gelehrte äußerst nützlich fanden; er untersucht, wie die Elemente zusammengemischt sind, um die Welt zu bilden; er diskutiert Ciceros Tugenden der Klugheit, Mäßigung, Tapferkeit und Gerechtigkeit; er fragt, ob die Seele aus der Zeit vor ihrer Ankunft auf Erden eine Erinnerung an den Himmel hat, und was die Seele bewegt (wobei er ein halbes Dutzend klassische Philosophen vergleicht). In all diesen Fragen geht er viel weiter als Cicero und bietet so ein substantielles Nachschlagewerk für Fragen der Mathematik und Naturwissenschaft und Themen, die offensichtlich zur Theologie gehören.

Boethius

Boethius nahm als Autor sowohl philosophischer als auch christlicher Schriften eine Sonderstellung ein. Aus praktischen Gründen muß sein Einfluß philosophisch verbucht werden. Die fünf theologischen Schriften sind kurz und waren im 12. Jahrhundert relativ kurz in Mode, obwohl sie mittelalterlichen Gelehrten immer zugänglich waren. Von Boethius wurden hauptsächlich die Logik und der *Trost der Philosophie* gelesen, und obwohl gewaltige Anstrengungen unternommen wurden, um die letztere Schrift zu einer christlichen zu machen, blieb sie vor allem eine Quelle für philosophische Ideen.

Hermetica

Zwischen der Mitte des 1. und dem Ende des 3. Jahrhunderts n.Chr. tauchten einige Texte auf, die Hermes Trismegistos zugeschrieben wurden. In ihnen verbanden sich neoplatonische, neopythagoreische und stoische Elemente mit Material aus den Kulten des Ostens und des Nahen Ostens[12] sowie mit gnostischen Lehren. Ziel des menschlichen Lebens, wie sie es sahen, war die „Gottwerdung" des Menschen, erreicht durch die Unterwerfung des „Tieres" in ihm und die Kultivierung des Geistigen und Hochstrebenden. Wenn diese Texte im Mittelalter verwendet wurden, dann galten sie als durch Magie und Astrologie verdorben. Hinzu kam das für orthodoxe Christen verräterische Zeichen, daß es hier um einen Geheimkult ging.

Der *Asclepius* war vielleicht die verbreitetste hermetische Schrift im Mittelalter. Doch auch Pseudo-Hermetica waren im Umlauf. Das *Secretum secretorum* (Geheimnis der Geheimnisse) galt als Werk des Aristoteles, für eine privilegierte Leserschaft von Eingeweihten geschrieben. Roger Bacon gliederte es neu und teilte es in Bücher auf. Ein unbekannter abendländischer Autor, der an Astrologie interessiert war, stellte, wahrscheinlich im 12. Jahrhundert, ein „hermetisches" „Buch des dreifachen Hermes Mercurius über die sechs Ursachen der Dinge" *(Liber Hermetis Mercurii Triplicis de VI rerum principiis)* zusammen. Er schöpfte aus gängigen lateinischen Übersetzungen arabischer Werke über Kosmogonie und zog Adelard von Bath und Wilhelm von Conches hinzu.

Die Araber

Wir können das Thema der Überlieferung klassischer philosophischer Texte an das mittelalterliche Abendland nicht abschließen, ohne kurz die Arbeit einiger arabischer Philosophen zu betrachten, die die Texte kommentiert hatten und deren Werke manchmal zusammen mit den Übersetzungen der Texte selbst aus dem Arabischen bekannt wurden.

Al-Kindi († um 873) konnte kein Griechisch, doch er ließ sich von anderen Übersetzungen anfertigen und verbesserte dann, wenn nötig, ihr Arabisch. Er kannte Plotin, doch am stärksten war er von Aristoteles beeinflußt. Sein Hauptinteresse als Philosoph galt der Erforschung der Ersten Ursache, die er für den passenden Gegenstand der höchsten Philosophie hielt. Er hatte auch eine Neigung für die Naturwissenschaft und schrieb über Meteorologie, Astronomie/Astrologie und Musik. Es ist aufschlußreich, daß seine Liste von Definitionen der Reichweite der Philosophie der des Arnulfus Provincialis sehr ähnlich ist.[13]

Sein Werk „Über die Strahlen" *(De radiis)*[14] übte unter anderen offenbar einen starken Einfluß auf Roger Bacon aus, obwohl seine Lehre um 1270 von Ägidius von Rom in seinen *Irrtümern der Philosophen* verurteilt wurde und das generelle Verbot von 1277 mindestens eine von Al-Kindis Lehren umfaßt.

Al-Farabi (um 879 – um 950) trug Material zum Existenzbeweis des Ersten Prinzips aller Dinge, zur Emanationstheorie und zur Erkenntnistheorie bei, und seine Aristoteles-Kommentare wurden im Westen vom späten 12. Jahrhundert an benutzt.

Avicenna (980–1037) schrieb über die Seele und über die Metaphysik des Aristoteles. Er behandelte das Problem der Universalien, Gottesbeweise, die Emanationstheorie, die Hierarchie des Seienden, die Vorsehung, das Problem des Bösen; die Themen waren besonders relevant für die platonische Tradition, doch Avicenna besprach sie mit stark aristotelischem Einschlag. Sein Werk wurde zu Beginn des 13. Jahrhunderts im Abendland bekannt.

Averroes (1126–98) war besonders einflußreich, weil umstritten. Er schrieb wie Avicenna über Gottesbeweise, über Gotteserkenntnis und Probleme der Epistemologie, über die Emanationstheorie und den Intellekt. Sein Aristotelismus war wie der Avicennas stark platonisch gefärbt, weil ihm Teile von Plotins *Enneaden* unter dem Titel *Theologie des Aristoteles* bekannt waren und weil er auch die als *Liber de causis* (Von Ursachen) bekannte Paraphrase des Proclus für ein Werk des Aristoteles hielt. Im 13. Jahrhundert entstand ein Streit um Sigers von Brabant Deutung der Lehre des Averroes über den Intellekt. Averroes schien ihm in seinem Kommentar über Aristoteles' *De anima* (Von der Seele) zu sagen, der *intellectus possibilis* (aufnehmende oder mögliche Intellekt) sei ein und derselbe in allen vernunftbegabten Wesen. Das hätte Folgen für die Beziehung zwischen der menschlichen Seele und dem Geist Gottes gehabt, die für die Verteidiger der Orthodoxie unannehmbar waren; tatsächlich wurde die „averroistische" Position 1270 vom Bischof von Paris verboten, und es gab einen heftigen Austausch von Abhandlungen zwischen Thomas von Aquin und den „Averroisten".

Anmerkungen

1 Vgl. E.R. Dodds, *Proclus. The Elements of Theology,* 2. Aufl. Oxford 1963, S. xviii–xix über den Weg, auf dem der Platonismus Proclus erreichte, und CHLGEMP, Kap. XXXI, über die Reaktion gegen Proclus.

2 *De universo* (1674) I.ii, 14; 1, S. 821b.

3 Venedig, *Biblioteca Nazionale di San Marco, Cod. 2492,* f. 124r.

4 Der Begriff „Organon" in diesem Zusammenhang gehört ins 16. Jahrhundert.

5 Manche im Geist wissenschaftlicher Neugier (Adelard von Bath), manche in dem Versuch, den Koran ins Lateinische zu übersetzen, damit Moslems zum Christentum bekehrt werden konnten (die Gruppe, die von Petrus Venerabilis, dem Abt von Cluny, ausgesandt wurde).

6 Ein Jude, der auf arabischem Territorium wohnte.

7 Vgl. R.W. Southern, *Robert Grosseteste,* Oxford 1986.

8 Vgl. *Aristoteles Latinus,* ed. L. Minio-Paluello, Oxford 1972, XXVI.2, bes. S. CXLII–CXLVII.

9 Vgl. CHLMP, S. 51f.

10 Am wichtigsten für Augustinus war vielleicht der heute verschollene *Hortensius.* Vgl. *Bekenntnisse* III.iv.

11 Vgl. H. Silvestre, „Note sur la survie de Macrobe au moyen âge", Classica et medievalia 24, 1963, S. 170–180.

12 Dieses Material fand auch Eingang in die Kabbala, die theosophische jüdische Mystik, die Mitte des 12. Jahrhunderts bekannt wurde. Vgl. G. Vadja, „Un chapitre de l'histoire du conflit entre la Kabbale et la philosophie", AHDLMA 1955, S. 45–144.

13 Vgl. A. Badawi, *Histoire de la philosophie en Islam,* Paris 1972, S. 385–477.

14 Vgl. „Al-Kindi, *De Radiis",* ed. M.T. d'Alverny und F. Hudry, AHDLMA 1974, S. 139–260.

III. Wissen und Sprache

1. Theologie und philosophische Methode

Wir haben schon die Frage berührt, welche Anwendung der von den klassischen Philosophen entwickelten Methoden die Theologen für richtig hielten. Hier gab es grundsätzliche Probleme um die Weise, wie der menschliche Verstand zu seiner Erkenntnis kommt und sie anderen vermittelt. Die Christen anerkannten zwei Gaben, mit denen die Philosophen nicht rechneten: die Offenbarung in der Heiligen Schrift und die Gabe des Glaubens, untrennbar verbunden mit dem Vertrauen des Empfangenden. „Ich glaube" ist nicht dasselbe wie „ich weiß". Andererseits gab es ein umfangreiches gemeinsames Erbe an Epistemologie und Methodologie, mit dem sowohl die Philosophie als auch die Theologie sich befassen mußte.

In den ersten christlichen Jahrhunderten war eine Lehre göttlicher Erleuchtung (Illumination) sowohl für Philosophen als auch für Christen akzeptabel.[1] Plato verstand das Denken als eine Art „Sehen" in dem Licht, das von oben in den Geist gesenkt wird. Gregor der Große etwa sprach gern vom „Auge des Geistes" *(oculus mentis),* und der Ausdruck wurde im Westen (wie zuvor im Osten) allgemein gebräuchlich.

Diese Illumination wurde im christlichen Abendland des Mittelalters auf verschiedene Weise aufgefaßt. Vor allem war sie das Licht des Glaubens, das Männer und Frauen erleuchtete, damit sie glaubten. Manchmal war sie ein blendendes Licht (Anselm, *Proslogion* 1), in das man mit Vertrauen und Zittern eintreten mußte. Doch es zeigte, wohin man blicken sollte, und war das Mittel für Gottes Volk, ihn zu erkennen. Zweitens war sie die Einsicht, durch die Wahrheit erkannt wird und die wir anwenden, wenn wir sagen, etwas sei „selbstevident". Wilhelm von Auxerre († 1231) meinte, Illumination sei nötig, bevor man auf diese Weise erste Prinzipien „sehen" könne.[2] Drittens war sie ein Mittel, um zu werten und zu identifizieren, was die Sinne dem Denken zuführten. Dies untersuchte Augustinus am Ende seiner *Bekenntnisse,* und das Thema tauchte im Mittelalter immer wieder auf, wenn die Gelehrten über das Problem der Universalien stritten.

Dieser dritte Bereich, in dem göttliche Erleuchtung eine Rolle spielen konnte, wurde im Mittelalter am charakteristischsten im Zusammenhang mit einer Sprach- und Zeichentheorie diskutiert, die Augustinus in *De doctrina christiana* (Von der christlichen Glaubenslehre) darlegte und die mit dem harmonisiert werden mußte, was Aristoteles in *De interpretatione* und die römischen Grammatiker schrieben. Augustinus beginnt mit den natürlichen Zeichen, die in der Welt zu finden sind (Rauch, der uns sagt, daß ein Feuer da ist), und Zeichen, die durch Konvention verstanden werden, etwa Gesten, die eine Einstellung oder Reaktion ausdrücken. Auch Wörter sind konventionelle Zeichen; sie sind notwendig wie Gesten, weil wir als sündige Wesen nicht klar in das Denken der anderen hineinblicken können. Augustinus argumentiert in *De magistro* (Vom Lehrer), dieses System von Zeichen hänge von Gottes Gabe der Ideen ab, auf die sie sich beziehen; Gott legt die Ideen in unseren Kopf und erleuchtet sie für uns, damit wir sie sehen können; wir lernen, bestimmte Zeichen mit ihnen zu assoziieren, so daß die Idee bewußt wird, wenn das Zeichen wahrgenommen wird. Deshalb lernen wir nicht durch Zeichen, nicht einmal durch Wörter. Wir können nur durch Zeichen vermitteln und aufnehmen, was wir bereits „wissen“, in dem Sinn, daß wir es erkennen können, wenn es uns begegnet. Inneres Wissen ist das Wichtige, Gottes Hilfe ist unverzichtbar, und sprachliche oder andere Zeichen, bloße Diener.

Sie dienen, indem sie bezeichnen. Besonders die bezeichnende Funktion von Wörtern beschäftigte die mittelalterlichen Gelehrten, mehr vielleicht als jedes andere Thema im Studium der *artes* (Künste) Grammatik, Logik und Rhetorik. Augustinus behandelt die Materie kurz in seinem *De magistro.* Dort diskutieren er und sein Sohn Adeodatus in einem Dialog eine Zeile aus Vergils *Äneis* (II.659). Bei jedem Wort wird gefragt, was es bedeutet. Ihr Ziel ist es, festzustellen, ob es wahr sei, daß jedes Wort bezeichnen muß, um überhaupt ein Wort zu sein, wie Aristoteles meinte. In *De interpretatione* unterscheidet er Wörter durch ihre Fähigkeit zu bezeichnen von bloßen Lauten. Ein echtes Wort ist ein „bezeichnender Laut“ *(vox significativa).* Augustinus und sein Sohn kommen recht gut voran – bis zu dem Wort *nihil.* Wie kann *nihil* etwas bezeichnen, wenn das, was es bezeichnet, „nichts“ ist? (Dieses reizvolle kleine Rätsel wurde von dem karolingischen Gelehrten Fredegisus wieder aufgegriffen[3].) Die römischen Grammatiker erklärten auch, es sei die Funktion von Wörtern, zu bezeichnen. Es gab einen wichtigen Meinungsunterschied zwischen Priscianus, der lehrte, daß Nomina sowohl Substanz als auch Qualität bezeichneten (KII.55.6), und Aristoteles-Boethius, für die Paronyme wie *albus* (weiß) nur Qualität bezeichnen (PL 64.194). Sowohl das Problem, was *nihil* bezeichnet, als auch die Diskrepanz zwischen Priscianus und Aristoteles-Boethius zum Thema Nomina und deren Ableitungen interessierte Anselm. In *De casu diaboli* (Vom Fall des Teufels) behandelt er das erste Thema (1.249), und über das zweite verfaßte er eine Schrift *De grammatico* (Vom Grammatiker). Auf dieser Ebene kleiner Unstimmigkeiten beim Zusammensetzen der Tradition Augustins, der Grammatiker und des Aristoteles-Boethius setzte bis ins 12. Jahrhundert die Diskussion an. Als dann mehr Texte vorlagen und das Interesse am Studium der *artes* an den überall entstehenden Schulen stieg, gab es wichtige Entwicklungen in der Epistemologie im allgemeinen, in der Zeichentheorie im besonderen.

Denken und Dinge

Wie gelangen die Gegenstände des Denkens in den Verstand? In Buch X seiner *Bekenntnisse* gibt Augustinus eine detaillierte Darstellung seiner eigenen Erfahrung und versucht, sie zu deuten. Er beginnt mit den Sinnen. Die Seele nimmt mittels der Sinne die Dinge auf, für deren Wahrnehmung der jeweilige Sinn angelegt ist. Sie läßt die Erinnerungen an das Wahrgenommene durch viele getrennte „Eingänge“ ein, so daß alles, was ins Gedächtnis eingeht, klassifiziert ist. Augustinus merkt als wichtige Tatsache an, daß die Dinge selbst durch diesen Prozeß nicht ins Gedächtnis eingehen, sondern daß Bilder von ihnen entstehen. Ist etwas einmal wahrgenommen und gespeichert, so kann man sein Bild nach Belieben ins Denken zurückrufen und darüber auf geordnete Weise reflektieren, ohne daß es mit anderen Bildern verwechselt wird. Bilder können aber auch nach Belieben kombiniert werden, so daß man komplexe Ereignisse der Vergangenheit rekonstruieren oder zukünftige projizieren kann, als wären sie gegenwärtig (X.7–10).

Das Gedächtnis behält nicht nur, was durch Sinneswahrnehmung hineingelangt ist. Augustinus kann sich an vieles (wenn auch nicht alles) erinnern, was er durch Worte gelernt hat. Dies hat er geglaubt, nicht weil er direkte, sinnlich erfaßbare Beweise dafür hatte, sondern weil etwas in seinem eigenen Geist sie als wahr erkannte. Daraus schließt er, daß sie in irgendeiner Form bereits in den Tiefen seines Gedächtnisses gespeichert waren, aber so weit innen, daß er nie Kenntnis von ihnen bekommen hätte, wenn nicht jemand sie für ihn geweckt hätte (X.10). Zu dieser Kategorie zählt er die Gesetze von Zahl und Größe und andere selbstevidente Wahrheiten (X.12). Er weiß, daß sein Verstand all dieses auf mehr als einer Ebene verarbeiten kann. Er kann sich an Argumente für und gegen bestimmte Meinungen erinnern und wissen, daß er weiß, was er weiß; dies zeigt, daß in seiner Seele noch eine höhere Instanz ist, die seine Denkvorgänge beobachtet; sie ermöglicht es ihm auch, sich von erinnerten Empfindungen zu distanzieren, so daß er zum Beispiel von körperlichem Schmerz sprechen kann, ohne diesen Schmerz tatsächlich wieder zu spüren, und dennoch versteht, wovon er spricht (X.14f.).

Der Platonismus, von dem Augustinus durchdrungen war und den er auch als Christ weiter achtete, sah den Körper durchgehend als Hindernis für das Streben der Seele, jene sinnlich nicht erfaßbaren Dinge direkt zu schauen, aus denen die höchste Realität besteht. Augustinus argumentiert aber, daß die Sinneswahrnehmungen trotz ihrer Körperlichkeit eine gottgegebene Hilfe für das Verstehen der Seele sind, ein Mittel, durch das sie zur Erkenntnis Gottes selbst aufsteigen kann. Es gab einige Aussagen in Platos Spätwerk, die diese Interpretation stützten, und in der Lehre einiger späterer Platoniker finden wir die Auffassung, die sinnenfällige Welt sei selbst in gewisser Weise ein Abbild der höheren Wirklichkeit und könne deshalb als Hinweis auf sie benutzt werden. Eine Hierarchie der Bilder wird gleichzeitig mit Augustinus oder etwas später von Proclus und Pseudo-Dionysius beschrieben, ist aber schon bei Philo zu finden. Philo lehrt, die sinnenfällige Welt sei das Abbild des Logos und der Logos wiederum Abbild des Vaters.

Mittelalterliche Versionen des augustinischen Aufstiegs von der Sinneswahrnehmung über die Herstellung von Bildern und die Abstraktion zu einer wahrhaft geistlichen und geistigen Begegnung mit dem Geist Gottes finden sich zum Beispiel in Anselms *Monologion* und Bonaventuras *Itinerarium mentis in Deum*, doch die Vorstellung war bei vielen Autoren verbreitet.

Sprache und Dinge

Die erste Schwierigkeit betrifft die Beziehung zwischen der metaphysischen Struktur der Wirklichkeit und der Struktur der Wirklichkeit, wie die Sprache sie anzunehmen scheint.

Die Vorstellung, von der Augustinus und die Platoniker ausgingen, war, daß einzelne, sinnenfällige Gegenstände, die mit Wörtern bezeichnet werden können, sekundäre Substanzen gegenüber Formen, Ideen und Universalien sind, die wiederum von einer göttlichen Wirklichkeit abhängen. Diese Metaphysik wird umgekehrt von der Praxis der Grammatiker und Logiker, für die das Benennen von Einzeldingen natürlich Vorrang hat.[4] Sie brauchen nicht einmal die tatsächliche Existenz irgendwelcher allgemeiner Dinge oder Universalien zu postulieren, damit die Sprache funktioniert. Der Grammatiker Wilhelm von Conches schreibt im 12. Jahrhundert in seinem Priscianus-Kommentar, daß Eigennamen Einzelsubstanzen mit ihren individuellen Eigenschaften bezeichnen. Wenn wir einen Namen zu verwenden wünschen, um eine universale Substanz zu bezeichnen, so verstehen wir das einfach im Sinne der Bezeichnung einer gemeinsamen Eigenschaft, so daß ein solcher Begriff für jedes Individuum dieser Art paßt. Wilhelm glaubt, daß nicht unbedingt allgemeine Dinge existieren müssen, damit Wörter so in verständlicher Weise gebraucht werden können. Für die Logiker hatte Boethius in seinem Buch über die *Isagoge* des Porphyrius (mit Anleihen bei Alexander von Aphrodisias) gesagt, Universalien seien Gedanken, Ableitungen aus der Natur der sinnlich wahrnehmbaren Dinge. – Es ist eine Ironie, daß Boethius, der es für praktisch unerheblich hielt, ob „allgemeine Dinge" real existieren, jahrhundertelange Bemühungen im Mittelalter auslöste, diese Frage zu beantworten.

Für mittelalterliche Grammatiker und Logiker war es eine praktische Notwendigkeit, die komplexe Frage vom Bedeutungsverhalten der Wörter zu lösen. Ein Wort muß eine *impositio* haben, eine Primärbedeutung, sonst kann es überhaupt kein Wort sein; denn alle Wörter unterscheiden sich dadurch von bloßen Lauten, daß sie etwas bezeichnen. Es kann mehrere Bedeutungen haben, und dann ist es äquivok. Porphyrius stimmt zu, wenn die Bibel einen besonderen Anlaß beschreibt, da alle Namen der Primärbedeutung den Dingen gegeben wurden: als Adam die Tiere benannte. Aber die gleiche Wortform kann auf verschiedene Weise mehr als eine Bedeutung haben, wo die Bedeutungen auf unterschiedlichen Ebenen liegen. Wenn ich sage: „Petrus ist ein Mensch", dann benutze ich „Mensch", um die Spezies, nicht das Individuum zu bezeichnen. Oder ich kann „Mensch" anders gebrauchen, wenn ich sage, „‚Mensch' ist ein Substantiv", oder noch anders, wenn ich sage, „‚Mensch' ist ein Wort mit einer Silbe". Es ist relativ einfach, in der modernen Typographie zu bezeichnen, was gemeint ist, indem man Anführungszeichen setzt. Doch die Stoiker hatten ohne solche Hilfen Mühe, diese Unterschiede zu identifizieren, und im lateinischen Abendland des Mittelalters mußte man auf Hilfsmittel zurückgreifen, die ein spezielles technisches Vokabular erforderten; hier hießen Bezeichnungen höherer Ordnung *nominationes* oder *appellationes* (Benennungen).

Es wurde wichtig, die „Supposition" zu bestimmen, d.h. die spezielle Bedeutung eines Wortes in einem gegebenen Kontext, damit Primärbedeutungen nicht mit anderen Bedeutungen verwechselt wurden. Man erkannte, daß der Kontext, in dem ein Wort verwendet wird, einen Unterschied für seine Bedeutung macht; in der Entwicklung der „terministischen" Logik ab dem Ende des 12. Jahrhunderts wurde bewiesen, wie wichtig dieser Unterschied ist.[5] Als erstes mußte Aristoteles' Regel, es sei unnötig, in der Klassifizierung der Teile der Sprache weiter zu gehen als bis zu Nomina und Verben, mit den acht Teilen der Sprache harmonisiert werden, die die römischen Grammatiker identifiziert hatten. Dies geschah durch die Unterscheidung von *categoremata* – d.h. Wörtern, die selbständig etwas bezeichnen, nämlich Nomina und Verben als Bezeichnungen von Substanzen – und *syncategoremata* – d.h. Wörtern, die nur zusammen mit den *categoremata* etwas bezeichnen. Dies sind Präpositionen, Konjunktionen, Adverbien und dergleichen.[6]

Wenn *syncategoremata* ins Spiel kommen, wird es natürlich, die *propositio* (Aussage, Satz) statt der Wörter, aus denen sie besteht, als Grundeinheit der Bedeutung zu nehmen. Nun wird das Problem interessant, welche Beziehung zwischen der Vorstellung, daß der ganze Satz zusammen eine Bedeutung hat, und der Bedeutung als *essentia* oder *forma* des Wortes besteht (die seiner Bedeutung in einem bestimmten Kontext immer zugrundeliegen muß, weil sie seine natürliche Eigenschaft ist). Hinzu kam die Frage, der wir schon begegnet sind, ob das Bezeichnete wahr oder real existent sein muß, um überhaupt bezeichnet sein zu können. Ein beliebtes Beispiel für den Unterricht war das Wort *chimaera* für ein Tier, das alle als mythisch verstanden. Auf einer tieferen Ebene gehören die Universalien zu diesem Thema, und die Frage, ob wir überhaupt von ihnen sprechen könnten, wenn sie nicht existierten.

In der zweiten Hälfte des 13. Jahrhunderts begannen die „Terministen", die in diesen Bereichen Pionierarbeit geleistet hatten, den „Modisten" zu weichen. Modistische Logiker untersuchten nicht nur *modi significandi* (Weisen des Bezeichnens), sondern auch „Weisen des Verstehens" *(modi intelligendi)* und „Seinsweisen" *(modi essendi);* all dies sahen sie in Harmonie mit den drei Tätigkeiten der Seele, wie sie Aristoteles in *De anima* beschreibt. Sie fragten, ob Wörter ihre Bedeutung verlieren könnten, ob es Klassen ohne Angehörige geben könnte, und andere Dinge, in der Absicht, gängige Erklärungen herauszufordern.

Was sind Universalien?

Die fachliche Bearbeitung der Funktion von Logik und Sprache, die die aristotelische Logik erheblich weiterentwickelte und auf der Grundlage von Priscianus und Donatus eine spekulative Grammatik aufbaute, war ab dem 12. Jahrhundert de facto nicht von dem Problem der Universalien zu trennen. Die *logica moderna* stellte einen erheblichen Fortschritt auf diesem Gebiet dar, dem vielleicht kein anderer Teil der mittelalterlichen Philosophie gleichkommt. Sie brachte ein Corpus von Textbüchern *(logica moderna)* hervor, die keine bloßen Aristoteles-Kommentare waren, sondern neue Erkenntnisse eröffneten.

Das Problem der Universalien ergab sich für mittelalterliche Studenten der *artes* zum Teil aus Boethius' Kommentaren zu *De interpretatione* (I.16b19). Wenn ein Wort etwas bezeichnet, bewirkt es, daß jemand an etwas denkt. Man kann also sagen, daß es den Gedanken an etwas verursacht, daß es eine Wirkung auf das Denken hat. Eine ähnliche Kausalkette läßt sich von einem geschriebenen Wort her verfolgen, das ein gesprochenes Wort evoziert, und dieses wiederum ein Wort im Denken (Boethius über *De int.* I.16a13 und Augustinus, *De trinitate* XV,10–11). Es fiel schwer, in diese „kausale" Auffassung von Bedeutung nicht die Annahme hineinzulesen, daß die verursachten Wirkungen eine Art reale Existenz haben müssen. Die meisten Denker des 12. Jahrhunderts waren insofern „Realisten", als sie die reale Existenz gedachter Wörter annahmen; der berüchtigte Roscel(l)in von Compiègne (spätes 11. und frühes 12. Jahrhundert) und eventuell Abälard waren dabei Ausnahmen. Die meisten waren auch der (paradoxen) Ansicht, daß gedachte Wörter einer höheren Ordnung von Realität angehörten als gesprochene oder geschriebene und daß *a fortiori* die gedachten Wörter, die wir Universalien oder *species* nennen, einer höheren Ordnung von Realität angehörten als Wörter für Einzeldinge und die Einzeldinge, die sie bezeichnen. Eine extreme Ansicht war, daß Universalien völlig eigenständige Gegenstände seien; moderatere Leute sagten, ein *universale* existiere zumeist als eine Substanz, die im Wesen aller Einzeldinge von dieser Art zu finden sei. Das Mindeste, das man sagen konnte, war, daß etwa zwei Menschen oder zwei Pferden die gleiche „Menschheit" oder „Pferdheit" eigen sei. Dann konnte ein *universale* oder eine *species* als kollektiver Gegenstand betrachtet werden, der aus allen seinen Einzeldingen bestand. Oder man konnte *genera* und *species* als „Arten von Dingen" bezeichnen, für die der technische Ausdruck *manieres* war. Der Begriff der Ursächlichkeit findet sich im 12. Jahrhundert wieder in Gilberts von Poitiers umstrittenem Versuch einer Unterscheidung zwischen dem, was ein Einzelding ist, und dem, „wodurch" es dies ist (im Fall eines einzelnen Menschen seine Menschlichkeit). Er versuchte, die Frage der Realexistenz des *quo est* mit dem Argument zu lösen, ein *quo est* könne nur durch ein *quod est* existieren, d.h. durch das Einzelding; das *quod est* wiederum könne nur durch das *universale* oder die *species* existieren, „wodurch" es ist *(quo est)*. Dies wurde angefochten, als Gilbert versuchte, es auf Gott anzuwenden. Wenn wir sagen, *Deus* existiere *divinitate,* „durch Göttlichkeit", dann scheint es, als wollten wir sagen, etwas, das „Göttlichkeit" heißt, sei die Ursache Gottes.

Abälard schöpfte in seiner eigenen Behandlung dieser Themen sowohl aus Augustinus wie aus Aristoteles-Boethius. Er beschreibt, wie die Sinne auf das Wahrgenommene reagieren; die Einbildungskraft kann sich in Form von inneren Bildern Dinge vorstellen, die einmal von den Sinnen wahrgenommen wurden, selbst wenn sie nicht gegenwärtig sind; der Intellekt klassifiziert in *genera* und *species* (Gattungen und Arten). So modifiziert er Augustins Meinung, daß die Pforten selbst, durch die Sinneseindrücke ins Gedächtnis eingehen, die Klassifizierung bewirken. Nach Boethius' Kommentar zu *De interpretatione* sagt Abälard dann, der Intellekt produziere Gedanken, die er von Bildern ableite. Ihm scheint hier wichtig zu sein, daß es Bilder von nicht existierenden Dingen geben kann, reine Fiktionen, und er ist bereit, hieraus zu schließen, daß man auch für Universalien keine reale Existenz postulieren muß. Für Abälard sind Bilder keine Dinge; sie haben weder Form noch Substanz. Wörter haben eine Beziehung zu Ideen; denn sie bringen sie im Denken des Hörenden hervor, wie Boethius schreibt. Zu Dingen haben Wörter eine Beziehung, weil sie sie bezeichnen, aber sie liefern dabei nur ein Mittel, um über Dinge zu sprechen. Aussagen oder Sätze bezeichnen lediglich, wie die von den *categoremata* ausgedrückten Dinge sich aufeinander beziehen. Wenn ein Begriff wie „Mensch" mit universaler Bedeutung gebraucht wird, sagt er uns nur, was „Menschen" gemeinsam haben.

Der Universalienstreit brach im 13. Jahrhundert erneut und ernstlich auf, als es durch das Studium des aristotelischen Buches *De anima* Mode wurde, die Formen in den Dingen der Außenwelt als Quelle der Gedanken in der Seele anzusehen. Aristoteles schreibt, die Seele werde vom Gedanken geformt wie die Sinne von ihren Empfindungen. Von der Verbindung der Universalien mit Sprachtheorie, wie sie das 12. Jahrhundert vor allem beschäftigt hatte, verlagerte die Aufmerksamkeit sich teilweise auf einen breiteren Rahmen, in dem das Verhalten der Sprache zusammen mit der Physik und Metaphysik der Materie erklärt werden mußte. So fragte Thomas von Aquin, wie Quantitäten, weil sie endlich sind, eine Art Vereinzelung in die universale Materie bringen. Duns Scotus würde darauf antworten, es müsse etwas geben, das verursache, daß allgemeine Naturen sich irgendwie zu Einzeldingen „zusammenziehen".

So wurde der relativ massive „Realismus" des 12. Jahrhunderts im 13. und 14. Jahrhundert subtil abgewandelt. Duns Scotus meinte zum Beispiel, man könne jedes Ding als etwas betrachten, das eine „Natur" hat; diese lasse sich definieren als „die Art Ding, die es ist". Diese Natur ist in sich weder einzeln noch universal. Doch sie hat im Denken universalen Charakter, wenn sie als Begriff im Intellekt ist. Wilhelm von Ockham mißfiel diese Lösung, denn sie schien ihm zu implizieren, daß Universalien auf etwas beruhen, das außerhalb des Intellekts real existiert. Eine alternative „realistische" Hypothese, die Ockham ebenfalls mißfiel, besagte, ein *universale* sei eine Formaldistinktion, die, damit man Dinge denken kann, vorgibt, sie seien mehrere, obwohl sie eigentlich eines sind. Man könnte zum Beispiel von einem weißen Haus denken, daß es weiß ist und daß es ein Haus ist. Die Universalien „Weißheit" und „Hausheit" müssen unterschieden werden, wenn wir klar denken wollen. Doch wir verstehen, daß sie nicht zwei Dinge sind, ein Weiß und ein Haus, sondern eines. Selbst als formal existent mochte Ockham Universalien nicht akzeptieren. Für ihn war alles, das real existiert, einzeln, und nur Wörter oder Begriffe konnten universal sein. An die Stelle der älteren, aristotelischen Auffassung, daß Dinge, die real existieren, Gedanken verursachen (woraus zu schließen ist, daß Gedanken wirklichen Dingen zugehören), setzte er die Idee, daß Gedanken in der Seele *(ficta)* „für" Dinge in der Welt „stehen" *(supposita)*. Hieraus schließt er, daß Gedanken bloße Akte der Supposition sind, und wenn ein solcher Akt stattfindet, geschieht nichts weiter, als daß der Gedanke den Intellekt formt, etwa wie Weiße etwas Weißes formt. Wir benutzen Wörter so, daß sie für Individuen oder Klassen von Dingen stehen. Wir können im Denken dasselbe tun. Es ist nicht nötig, sagt Ockham, den Klassen irgendeine eigenständige oder „reale" Existenz zuzuschreiben.

Anmerkungen

1 Vgl. Stead, S. 57ff; Plotin, Enneaden V.9.6.1–10.

2 *Summa Aurea* (1500, Nachdruck Frankfurt 1964) III.3, c.2, q.3, f.135^{r}1.

3 Hierzu mehr bei D.P. Henry, *The Logic of St. Anselm,* Oxford 1967, S. 207f.

4 Dies schreibt Porphyrius in seinem Kommentar zu Aristoteles' *Kategorien,* ed. A. Busse 1887, *Commentaria in Aristotelem Graeca* IV.1, S. 91.

5 *Logica Modernorum,* ed. L.M. de Rijk, Assen 1967, II,i.113–117 und 123–125.

6 In der römischen Grammatiktheorie gehört das Adjektiv in die gleiche Klasse wie das Substantiv.

2. Die Wahrheitsfindung

Wie in jeder anderen Disziplin muß es in der Theologie möglich sein, wahr und falsch zu unterscheiden und einen strittigen Punkt zu beweisen. Es war ein Gemeinplatz der Enzyklopädisten, daß es vor allem der Logik oblag, wahr und falsch zu unterscheiden, wenn es auch korrekter sein mag, zu sagen, daß Logik sich mit der Gültigkeit von Schlüssen befasse. Mittelalterliche Gelehrte bedienten sich in jeder Disziplin der Instrumente der formalen Logik, um einwandfreie Schlüsse zu ziehen. Logik braucht allerdings Inhalte, um sie zu verarbeiten. Daß Aussagen (Sätze), aus denen Syllogismen konstruiert werden, zu wahren Schlüssen führen, kann man nur dann sehen, wenn gezeigt wird, daß sie selbst wahr sind.

Es gab generell zwei Methoden, eine Aussage zu prüfen. Die erste hing davon ab, daß sie selbstevident oder mit einer selbstevidenten Wahrheit beweisbar war. Dies bringt uns zu der ungeheuer komplexen Thematik mittelalterlicher Topik-Theorie.

In seiner *Zweiten Analytik* spricht Aristoteles von den ersten Prinzipien, auf denen alle Wissenschaft aufbauen muß, und diskutiert, ob jeder Wissensbereich eigene, besondere erste Prinzipien haben muß, die ihn als Wissenschaft definieren. Euklid verwendet in seinen *Elementen der Geometrie* Axiome als Ausgangspunkte der Beweisführung. Sie selbst sind *per definitionem* nicht beweisbar. Sie beruhen auf ihrer selbstevidenten Wahrheit. Die Geometrie ist, wie Plato vielleicht erkannte, unter den Wissenschaften einzigartig in ihrer Möglichkeit, auf diese Weise von ersten Prinzipien her Beweise zu führen; aber die Eleganz und Stringenz der Beweismethode machte sie überaus attraktiv für mittelalterliche Gelehrte, die den stärksten möglichen Beweis liefern wollten, besonders in theologischen Fragen.

Bevor ein Beweis geführt werden kann, muß man sich der ersten Prinzipien sicher sein, auf denen er aufbauen soll. Hier war das mittelalterliche Erbe komplex und ein wenig verwirrend. Aristoteles' *Zweite Analytik* war erst vom Ende des 12. Jahrhunderts an in Gebrauch. Vor ihrem Auftauchen wandte sich die Diskussion Cicero und Boethius zu; in der Mitte des 12. Jahrhunderts wurde auch Euklids Beitrag bekannter.[1] Cicero schreibt als Rhetoriker, der den Gebrauch von „Topoi" *(loci)* bei Logikern wie bei Rhetorikern der römischen Welt kennt. Für den Redner braucht ein „Topos" nicht mehr zu sein als eine illustrierende Geschichte, eine Anekdote, ein *exemplum* zur Unterstützung einer Behauptung. Für den Logiker ist es eine Art Maxime oder Axiom.[2] Boethius kommentierte Ciceros *Topik* und verfaßte eine Monographie über den Unterschied zwischen der dialektischen und der rhetorischen Verwendung von *topoi,* aber er vermittelte dem frühen Mittelalter keine direkte Kenntnis von Aristoteles' *Topik.* Boethius begriff, daß Ciceros *loci* nicht im strengen Sinn Axiome oder individuelle erste Prinzipien sind, sondern eher Klassen von Axiomen. Auch bemerkte er den Unterschied zwischen „dialektischen" Argumenten (bei denen die Axiome, die die Prämissen oder Aussagen eines Syllogismus bilden, nicht selbstevident, sondern nur von sich aus wahrscheinlich sein müssen) und „demonstrativen" Argumenten (bei denen sie selbstevident sein müssen). Dieser Unterschied war für die mittelalterliche Theorie von vorrangiger Bedeutung.

Boethius leistete einen weiteren wichtigen Beitrag zu diesem Thema in einem Buch, das nicht zu seinen logischen Textbüchern gehört. In *De hebdomadibus* bespricht er die

Methode, von selbstevidenten Wahrheiten *(communis animi conceptiones)* auszugehen und dann andere Wahrheiten darauf aufzubauen, die von allen akzeptiert werden, sobald nachgewiesen wird, wie sie von den ersten Prinzipien abhängen. Es ist bemerkenswert, daß der Ausdruck *communis animi conceptio* von den Übersetzern des 12. Jahrhunderts für Euklids „Axiom" verwendet wurde. Boethius fährt allerdings in *De hebdomadibus* nicht nach euklidischer Manier fort. Statt dessen quält er den Leser, indem er es ihm überläßt, herauszufinden, welches der aufgeführten Axiome das Argument an jedem Punkt stützt. Die Kommentatoren des Werkes *De hebdomadibus* im 12. Jahrhundert hatten erhebliche Mühe, sich auf eine Lösung des Rätsels zu einigen.

Welches ist dann der Status der theologischen Axiome, die wir „Glaubensartikel" nennen? Alain von Lille diskutierte verschiedene zeitgenössische Ansichten. Manche sagten, der Glaube sei eine allgemeine Auffassung der unsichtbaren Dinge, die zur christlichen Religion gehören *(ad Christianam religionem pertinentium).* Ein Glaubensartikel sei eine bestimmte Auffassung von einer spezifischen Sache, etwa der Geburt Christi oder der Passion. Andere sagten, die Geburt Christi, die Passion und so fort seien selbst die Glaubensartikel, nicht die Auffassung des Glaubens von ihnen. Wieder andere, zu denen Alain zählte, meinten, „unsichtbar" bedeute „intelligibel". D.h. die Ereignisse selbst waren sichtbar, als sie geschahen, aber in der Geburt, der Passion und den anderen *eventus,* auf denen der Glaube beruht, lag eine unsichtbare Wahrheit jenseits der gewöhnlichen menschlichen Wahrnehmung. Ein Beispiel hierfür ist die Einheit der menschlichen und der göttlichen Natur in Christus.[3] Diese Vorstellung von einem Element des Geheimnisses, einer inneren Wahrheit, die zu tief ist, um für den menschlichen Verstand unmittelbar selbstevident zu sein[4], ist wichtig im Zusammenhang mit den speziellen Problemen, die die Glaubensartikel mit sich bringen.

Alain von Lille und sein jüngerer Zeitgenosse Nikolaus von Amiens unternahmen ehrgeizige Versuche, ein ganzes System christlicher Theologie aus einer Reihe von Axiomen abzuleiten: Alain in seinen *Regulae theologicae* und Nikolaus in *De fide catholica.* Alain hielt sich an ein von Boethius inspiriertes Muster. Er nahm ein erstes Axiom und versuchte, in einem Strom andere daraus zu entwickeln und neue Prinzipien einzuführen, wenn er sie brauchte. Nikolaus ging nach der euklidischen Methode vor: Er begann mit Axiomen, Postulaten und Definitionen, konstruierte Theoreme und benutzte schon bewiesene Theoreme als erste Prinzipien für spätere Beweise.[5] Beide kamen relativ gut voran, solange sie Themen der *theologia* des Boethius behandelten, fanden aber, daß Themen wie Erlösung, Kirche und Sakramente Schwierigkeiten einer anderen Ordnung bereiteten.

Alain von Lille starb 1202. So war er einer der letzten wichtigen Gelehrten der Zeit, bevor Aristoteles' *Libri naturales* im Abendland allgemein zugänglich wurden, und seine theologischen Axiome haben deshalb einige Bedeutung als Beleg dafür, was die Philosophie im Dienst der Theologie ausrichten konnte, bevor Aristoteles' umstrittene Hilfe in Paris und andernorts eine größere Rolle spielte.

In seinem Prolog erklärt Alain, was er unter einer *regula* versteht. Jede Wissenschaft beruht auf ihren Regeln und Grundlagen. Die „Maximen" der Dialektik, die „Gemeinplätze" der Rhetorik, die „allgemeinen Ansichten" der Ethik usw. sind alle ihren jeweiligen Disziplinen eigen. Alain gründet seine Lehre nicht auf Aristoteles' *Zweite Analytik,* sondern auf die Autorität von Boethius' *De hebdomadibus,* das in seiner Jugend in den nordfranzösischen Schulen umfassend kommentiert worden war. Boethius ist für ihn interessant, weil die *hebdomades,* wie er anerkennt, voller Geheimnisse sind, von einer Tiefe und Majestät, die bedeutet, daß sie nicht für Anfänger taugen. Boethius' *communis animi conceptiones* sind selbstevidente Wahrheiten und daher unbeweisbar. Manche sind für alle verständlich. Andere sind nur den wenigen begreiflich, die tiefere Wahrheiten fassen können. Theologische *regulae* scheinen Alain zur letzteren Art zu gehören, und er nimmt sich vor, „diese, die kaum jemand kennt“ (S. 122f.), zu behandeln. Für Alains Absicht ist also ein Element des Mysteriums notwendig, das Aristoteles nicht zu bieten hatte, obwohl die *Zweite Analytik* seit mehreren Jahrzehnten vorlag, als Alain schrieb.

Während der Krise, die das Auftauchen des neuen Aristoteles im 13. Jahrhundert in Paris auslöste, lehnte Wilhelm von Auxerre den Gedanken ab, er könne „die Worte des Aristoteles als authentisch zum Beweis“ nehmen *(tamquam authenticis ad probationem).* Sie sind nicht beweiskräftiger als ein dialektischer Topos. Sie können nur wahrscheinliche Beweise liefern, und man kann nicht mehr als eine Meinung auf sie gründen. Sein Plan ist es, wo immer möglich zu sicheren Beweisen zu kommen. In der Praxis waren systematische Versuche der Beweisführung durch reine Demonstration selten. Sie waren zu schwierig. Für die Theologie war diese Methode ebenso ungeeignet wie für die Politik (wie sich zeigte, als Dante sie in *De monarchia* anwenden wollte). De facto trugen die Theologen ein Gemisch von Aussagen vor; von einer Art konnte man behaupten, sie beruhte auf ihrer reinen Vernünftigkeit, und die Annehmbarkeit der anderen beruhte auf Autoritäten. Ein Blick in des Aquinaten *Summa* macht dies deutlich. Meist sind die Autoritäten biblisch (und haben daher direkte göttliche Überzeugungskraft) oder patristisch (und haben daher ganz erhebliches Gewicht als Worte der Kirchenväter). Doch in der Praxis werden in der uns beschäftigenden Zeit auch klassische philosophische Texte als Quellen herangezogen, die ein Argument stützen können; oft werden Vorbehalte ausgedrückt, und es ist immer selbstverständlich, daß ein Philosoph – selbst wenn sein Ansehen generell hoch ist – nie mehr Gewicht haben wird als die Schrift, wenn er irgendwo der expliziten Lehre der Bibel widerspricht. Roger Bacon sieht die Notwendigkeit, zu erklären, daß christliche Theologen in seiner Zeit aus praktischen Gründen philosophische Autoritäten zitieren müssen. „Die wichtigste Beschäftigung der Theologen heute ist die Behandlung von Fragen; und der Hauptteil aller dieser Fragen hat mit den von der Philosophie verwendeten Begriffen zu tun … der Rest, der sich mit den Begriffen der Theologie befaßt, wird wiederum mit den Autoritäten, Argumenten und Lösungen der Philosophie besprochen, wie alle Gebildeten wissen.“[6] Er selbst war immer bereit, *in theologicis* „das Zeugnis der Philosophen einzubringen“; doch er hält es für angebracht zu betonen, daß seine Beispiele gültig sind, *autentica.*[7]

Bacons Beharren auf diesem Punkt reflektiert viele zeitgenössische Befürchtungen. Er versucht in seinem *Opus maius,* die Probleme systematisch darzustellen. Man kann von einem Philosophen sagen, wie man es nicht von einem biblischen Autor kann, daß er eine fehlbare und unvollkommene Autorität ist. Selbst Aristoteles, der laut Bacon der weiseste aller Philosophen war, hat sich manchmal geirrt (I.iii). Wir sollten die Leistung derer achten, die in den frühesten Zeiten die Wahrheit im Licht des menschlichen Verstandes gesucht haben, selbst wenn wir sehen können, daß sie nicht vollkommen erfolgreich waren (I.v). Hier sucht Bacon offensichtlich einen Ausgleich zwischen der übereifrigen Zitiererei von philosophischen Autoritäten, die einige seiner Zeitgenossen in

Konflikte mit Theologen brachte, und der Alternative, alle Philosophen kurzerhand als unwürdig oder fehlerhaft abzutun.

Mehr als einmal argumentierte er, spätere Generationen seien besser als frühere in der Lage, zu sehen, wo die Wahrheit liegt, und zu beurteilen, wo ihre Vorfahren geirrt haben. Die ersten Wahrheitssucher hatten keine Hilfe. Die nach ihnen kamen, hatten nur sie als Hilfe. Doch *semper crevit sapientia,* die Weisheit ist immer gewachsen, und Stück für Stück kam neues Wissen hinzu. Wir erben die Früchte der Mühen von allen, die vor uns waren (Bacon, *Metaphysica* S. 5; vgl. *Opus maius* I,vi). Im 12. Jahrhundert hatte Bernhard von Chartres eine ähnliche Ansicht bescheidener vorgetragen; sein einstiger Schüler Johannes von Salisbury überliefert von ihm den Ausspruch, der moderne Gelehrte sei wie ein Zwerg, der auf den Schultern der Riesen der Vergangenheit sitze. Er kann weiter sehen als sie, aber nicht, weil er größer ist als sie – ganz im Gegenteil. Dies gibt uns zweierlei Maß für die Bewertung der Autorität von weltlichen Autoren, speziell Philosophen. Einerseits kann man sie als Menschen mit beschränkten Leistungen sehen, so daß wir mehr wissen als sie; andererseits kann man sie als Gestalten von großer Würde sehen, als Riesen, wie es sie auf Erden nicht mehr gibt, und somit als Autoritäten, die man zur Stützung eines Arguments zitieren kann.

Thomas von Aquin fragt, ob ein Magister, der über theologische Fragen entscheidet, mehr den Verstand oder mehr Autoritäten einsetzen soll. Man sagt, daß in jeder Wissenschaft Fragen am besten anhand ihrer jeweiligen ersten Prinzipien zu entscheiden sind. Doch die ersten Prinzipien der Wissenschaft Theologie sind Glaubensartikel, die uns durch Autoritäten bekannt gemacht werden. Deshalb hat es den Anschein, als sollten theologische Fragen hauptsächlich anhand von Autoritäten entschieden werden. Andererseits kann man Titus 1,9 als Befürwortung des Einsatzes des Verstandes lesen, um Widersprüche zu klären. Thomas' eigene Meinung ist, daß man bei der Entscheidung der Frage das Ziel im Auge behalten sollte. Um Zweifel auszuräumen, sind Autoritäten das Beste, und sie sollten so ausgewählt werden, daß sie die Betroffenen überzeugen. Juden werden zum Beispiel am besten durch Texte aus dem Alten Testament überzeugt. Wenn der Zweck die Lehre ist, wie es in Schulen der Fall ist, dann ist der Gebrauch des Verstandes das Beste. Wenn der Magister nichts als „bloße Autoritäten" einsetzt, wird er dem Zuhörer gewiß die Wahrheit zeigen, aber dieser wird nicht an Verständnis wachsen und deshalb nichts lernen *(Quodlibeta* VI.q.ix.a.3).

Anmerkungen

1 Adelard von Bath übersetzte die *Elementa.*
2 Vgl. CHLMP, S. 115.
3 G. Raynaud de Lage, „Deux questions sur la foi inspirée d'Alain de Lille", AHDLMA 1943–1945, S. 322–336.
4 Thomas von Aquin, *Quodlibet* VII, q.6.a.1.
5 Vgl. mein Buch *Alan of Lille,* Cambridge 1983.
6 R. Bacon, *Compendium Studii Theologiae,* ed. H. Rashdall, Aberdeen 1911, S. 25.
7 *Metaphysica,* ed. R. Steele, *Opera hactenus inedita,* Oxford 1905 I, S. 1.

Teil II

IV. Gott

1. Gottesbeweise

Augustinus hatte anhand der ansteigenden Ordnung der Vollkommenheit im Universum bewiesen, daß es einen Gott geben muß *(De libero arbitrio,* „Von der Freiheit des Willens“, II.25–54). Dieses Unterfangen war Anselms *Monologion* – das er im Vorwort eine „Meditation über das göttliche Wesen *(essentia)“* nannte – in Charakter und Zielsetzung sehr ähnlich. Es kann sein, beginnt er (Anselm), daß es jemanden gibt, der nicht von der einen Natur *(natura)* weiß, der höchsten unter allen Dingen, die Sein haben *(summa omnium quae sunt),* die als einzige sich selbst in ihrer ewigen Seligkeit *(beatitudo)* genügt, die durch ihre eigene, allmächtige Gutheit gibt und verursacht (Kap. I). Anselm wagt, es für möglich zu halten, daß es nicht nur jemanden gibt, der dies nicht weiß, sondern sogar jemanden, der es nicht glaubt. Er verspricht, daß selbst der Ungläubige durch Argumentieren überzeugt werden kann. Doch der Ton des Versprechens ist der eines Magisters unter Freunden und Schülern, eines Klosteroberen unter seinen Mönchen in gemeinsamer philosophischer Meditation, in einem Kontext des Glaubens und Betens. Das Ziel ist, den Glauben zu vertiefen und in intellektuellem Verstehen zu verankern, nicht, widerspenstige oder begriffsstutzige Geister für den Glauben zu gewinnen. Es ist hier von erstrangiger Bedeutung, daß Anselms Höchstes in einem Atemzug als nicht nur seiend, sondern allmächtig, gut, selbstgenügsam und Quelle alles geschaffenen Seins bezeichnet wird. Es ist sozusagen ein neoplatonisch gepacktes Paket, in dem die Existenz Gottes untrennbar mit bestimmten Attributen verschnürt ist. Man muß Anselms ontologischen Beweis lesen, um zu erkennen, daß das Gleiche für den Gottesbeweis im *Proslogion* gilt. Anselm erklärt, daß er mit den Argumenten des *Monologion* nicht mehr zufrieden war, nicht weil er sie inzwischen für fehlerhaft hielt, sondern weil sie unelegant verknüpft waren, wie in einer Kette. Er hatte seither nach einem einzigen Argument gesucht, das nicht nur beweisen sollte, daß Gott wahrhaft existiert *(quia Deus vere est),* sondern auch alle anderen Wahrheiten dieses „Pakets“ – daß er der höchste Gott ist, keinen anderen braucht, die Quelle des Seins und des Wohles aller Geschöpfe ist und was wir sonst von dem göttlichen Sein *(substantia)* glauben. Das *vere* ist vielleicht wichtig. Es impliziert ebenso wie die hypothetische Person im *Monologion,* die einen Beweis durch Vernunftgründe fordert, daß wir es hier mit den Meditationen der Gläubigen zu tun haben statt mit der Überzeugung von Ungläubigen. Alles an der Konstruktion des *Proslogion* weist darauf hin, sein Eröffnungskapitel in Form eines Gebetes und Anselms immer wieder eingeschobene, direkt an Gott gerichtete Dank- oder Bittgebete, wie bei Augustinus in den *Bekenntnissen.*

Aus diesem Grund muß man sagen, daß Anselm gewissermaßen nur „scheinbar“ die Existenz Gottes beweisen will. Die Situation war noch nicht vergleichbar mit der der Apologeten des 18. Jahrhunderts, für die der Gottesleugner keine literarische Fiktion ist, der „Narr“ der Psalmen, sondern jemand, der im selben Zimmer sitzt und überzeugt werden muß.

Anselms Originalität liegt in der Struktur des Argumentes im *Proslogion* selbst. Im *Monologion* war er ähnlich wie Augustinus verfahren. Er hatte den Leser dahin geführt, von seiner eigenen, direkten Kenntnis guter Dinge in der Welt auf die Existenz eines gemeinsamen, höheren Gottes zu schließen, von dem sie alle abgeleitet sind und von dem sie ihre Gutheit bekommen. Die Rangordnung innerhalb der Vollkommenheit und die Vorstellung, daß etwas an ihrer Spitze stehen muß, sind für dieses Argument unverzichtbar. Dadurch kann Anselm zeigen, daß die höchste Natur durch sich selbst existiert und keine frühere Ursache hat *(Monologion* 1–6). Von dort aus kann er die beiden christlichen Schöpfungsprinzipien beweisen: daß Gott alles aus nichts geschaffen hat (obwohl er zuvor die Ideen hatte, die den Dingen von Ewigkeit her ihre Formen in seinem Geist geben), und daß er seine Schöpfung im Sein erhält (Kap. 7–14). Er kann weiterhin zeigen, daß Gott die höchste Gerechtigkeit ist, ohne Anfang und Ende, unwandelbar, allgegenwärtig und dennoch an keinem Ort und zu keiner Zeit (Kap. 16–25).

Im *Proslogion* macht er einen ganz neuen Gebrauch von der Hierarchie der Vollkommenheit. Gott kann als das beschrieben werden, „im Vergleich zu dem nichts Größeres gedacht werden kann“. Wir beginnen am oberen Ende der Leiter des Verstehens, die zu erklimmen Anselm uns im *Monologion* eingeladen hat. Er konfrontiert uns mit der Frage, ob das, was wir als Gott denken, mehr als ein Gedanke sein muß, weil es an der äußersten Grenze eines Verstehens liegt, das selbst nur erreichbar ist, wenn das Denken sich zu den größten Höhen aufschwingt. Es ist selbstevident, daß „das, im Vergleich zu dem nichts Größeres gedacht werden kann“, wenn es in der Realität ebenso wie im Denken existiert, tatsächlich größer ist als „das, verglichen mit dem nichts Größeres gedacht werden kann“, wenn es nur im Denken existiert. Wenn es nicht nur eine Möglichkeit gibt, die wir denken können, sondern auch eine selbstevidente Wahrheit über diese Möglichkeit, ist es laut Anselm ein Widerspruch zu sagen, Gott existiere nur im Denken. „Das, verglichen mit dem nichts Größeres gedacht werden kann“, wäre dann nicht „das, mit dem verglichen nichts Größeres gedacht werden kann“, denn wir haben an etwas Größeres gedacht. Da dies eindeutig unmöglich ist, sagt Anselm, könne es keinen Zweifel geben, daß „das, mit dem verglichen nichts Größeres gedacht werden kann“, sowohl im Denken als auch in der Wirklichkeit existiert *(et in intellectu et in re: Proslogion* 2). Er entwickelt das Prinzip im nächsten Kapitel. Wäre es möglich zu denken, „das, verglichen mit dem nichts Größeres gedacht werden kann“, existierte nicht, dann wäre es eindeutig nicht „das, verglichen mit dem nichts Größeres gedacht werden kann“, denn es würde gar nicht gedacht. Bleibt der Narr, der das Unmögliche zu tun scheint, wenn er in seinem Herzen spricht: Es gibt keinen Gott (Ps. 13,1 und 52,1). Wir müssen laut Anselm unterscheiden zwischen dem Denken bloßer Wörter und dem Denken an das, was Wörter bezeichnen. Der Narr könnte die Wörter denken, nicht aber das Ding (Kap. 4). Nun kann Anselm seine Argumentation auf alle anderen Dinge anwenden, die wir von Gott glauben, wie er im Proömium versprochen hat. Gott ist alles, das zu sein besser ist, als es nicht zu sein: gerecht, wahrhaftig, glückselig und so fort. Dies kann auf die gleiche Weise bewiesen werden wie seine Existenz selbst (Kap. 5ff.).

Es ist wichtig, daß Gottes Existenz in Anselms Denken oder Anselms System nie ganz von den ergänzenden, letztlich platonischen Annahmen über die göttliche Natur getrennt ist, mit denen es bei Augustinus und in Anselms früherem *Monologion* einhergeht. Wir haben es mit einem Wesen zu tun, das von seiner Substanz her eine Reihe von Attributen hat.

Der Mönch Gaunilo von Marmoutiers beharrte darauf, daß der Beweis für die tatsächliche Existenz Gottes der springende Punkt sei. Er schrieb in der Rolle des Narren eine Erwiderung an Anselm und behauptete, er könne jedenfalls denken, was laut Anselm undenkbar war. Er schrieb, wenn Anselms Beweis stichhaltig sei, wäre es auch wahr, daß die schönste Insel, die man denken könnte, in der Wirklichkeit ebenso wie in der Vorstellung existieren müßte, und so weiter mit dem Besten von allem. Anselm gefiel diese scharfsinnige Erwiderung, und er hielt sie einer Antwort für würdig. Er setzte fest, daß Gaunilos Erwiderung und seine Antwort darauf am Ende künftiger Ausgaben des *Proslogion* stehen sollten. Seine Antwort war, Gott müsse darin einzigartig sein, daß seine Existenz mit Anselms Argument bewiesen werden könne.

Gilbert Crispin, einer von Anselms Mönchen und später Abt von Westminster, verwendete Anselms Formel, aber mit dem Unterschied, daß er Gott als das beschrieb, „verglichen mit dem nichts Besseres gedacht werden kann". Doch erst Thomas von Aquin griff Anselms Beweis wieder auf und unterzog ihn einer vollständigen Kritik. Er sah, daß der Beweis des *Proslogion* eine eigene Klasse darstellt. Er betrachtet ihn, getrennt von anderen Beweisen, unter der Frage, ob die Existenz Gottes selbstevident ist *(Summa Theologiae* I.q.2.a.1). In Einwand 1 faßt er Anselms Argument aus Kapitel 2 des *Proslogion* zusammen und antwortet darauf, daß Anselm einen unzulässigen Sprung vom Denken zur Wirklichkeit macht. Außerdem, sagt Thomas, muß man einräumen, daß Menschen, die Gottes Existenz leugnen, durch ihre Meinung demonstrieren, daß die Existenz Gottes nicht selbstevident ist. Ob Thomas hier den Finger auf eine wirkliche Schwäche legte oder nicht – gewiß ist, daß Anselm die Frage nach Gottes Existenz nicht ein für allemal zu lösen vermochte. Andererseits wurde sein Beweis nie wirklich widerlegt, weil es sich als unmöglich erwiesen hat festzustellen, was eigentlich sein Dreh- und Angelpunkt ist. Es ist hier von einiger Bedeutung, daß er von eben jener Frage des Schnittpunktes zwischen Denken und Wirklichkeit abhängt, die für die mittelalterliche Arbeit über Epistemologie und Sprache zentral war.

Wilhelm von Conches unternahm einen frühen Versuch mit einer Art Gottesbeweis, die Thomas von Aquin vollständiger in der *Summa Theologiae* ausführte und die eine ehrwürdige philosophische Tradition hat. Wilhelm argumentiert, jeder Körper müsse von einem Geist beseelt sein, um sich bewegen zu können. Ein Geist würde sich nicht mit einem Körper vereinen, wenn nicht ein mächtiges Wirkprinzip ihn dazu brächte und in seiner Verbindung mit dem Körper hielte. Kein Geschöpf könnte die nötige Weisheit haben, um das zu tun. Deshalb müssen wir die Existenz eines Schöpfers postulieren. Thomas konstruierte fünf Beweise, die auf verschiedene Weise von einer beobachtbaren Wirkung in der geschaffenen Welt auf einen Schöpfer zurückschließen. Manche Dinge sind sichtbar in Bewegung. Was bewegt wird, muß von einem Beweger bewegt werden. Doch es kann keine unendliche Regression von Bewegern geben; denn dann wäre kein erster Anstoß da und somit gar keine Bewegung. Deshalb muß es einen Ersten Beweger geben, und das ist Gott. Ähnlich schließt Thomas von Wirkungen auf Ursachen, zu einer Kette von Ursachen und von da zur Notwendigkeit einer Ersten Ursache. Drittens führt er die Tatsache an, daß in der geschaffenen Welt, wo es Entstehen und Vergehen gibt, immer die Möglichkeit besteht, daß Dinge nicht sind. Wenn es nichts notwendig Seiendes gäbe, könnte eine Situation entstehen, in der alle möglichen Existenzen gleichzeitig nicht wären, so daß es überhaupt nichts Seiendes gäbe. Wenn das geschähe, hätte gar nichts existieren können; denn nichts hätte ins Sein gebracht werden können. Er schließt den dritten Beweis mit der Erklärung ab, wenn man nicht nur eine, sondern eine Kette solcher notwendigen Existenzen postulierte, hinge eine von der nächsten ab, und man müßte wie beim Ersten Beweger und der Ersten Ursache letztlich zu einem notwendig Seienden kommen, das sein Sein von keinem anderen hat und Gott ist. Der vierte Beweis ist vom Typ der „Hierarchie der Vollkommenheit". Thomas schreibt, wenn man etwas als mehr oder weniger gut, wahr usw. bezeichnet, sagt man damit, daß es in einem bestimmtem Maß einer Sache ähnelt, die das Beste und das Größte ist. Er zitiert (wie Augustinus und Anselm es in ihren Versionen dieses Beweises nicht konnten) Aristoteles' *Metaphysik* (II.i.993b30): Was das Größte an Wahrheit ist, ist auch das Größte an Sein. In jeder Klasse von Dingen muß es etwas geben, schreibt er, das die Ursache aller Dinge in dieser Klasse ist. Aristoteles sagt beispielsweise ein wenig vorher in der *Metaphysik,* Feuer, das Maximum an Hitze, sei die Ursache aller heißen Dinge (II.i.993b25). Thomas argumentiert, es müsse etwas geben, das die Ursache des Seins, des Guten und jeder anderen Vollkommenheit in allen Dingen ist, und das sei Gott. Ein fünfter Beweis läßt sich aus der Lenkung aller Dinge herleiten. Natürliche Körper agieren wie für einen Zweck; doch wo kein Bewußtsein ist, kann es auch keine Selbstbestimmung geben. Hier waltet eindeutig eine Intelligenz, ein Schütze, der den Pfeil lenkt, und das ist Gott *(Summa Theologiae* I.q.2.a.3).

Die mittelalterlichen Versuche, die Existenz Gottes zu beweisen, müssen im Zusammenhang mit einer Frage gesehen werden, die für die klassischen Philosophen weit interessanter war: was von seinem „Sein" zu sagen ist.

2. Die Rede vom göttlichen Sein

Es war Generationen von Platonikern ein Anliegen, nichts über das höchste Göttliche auszusagen, das dies in irgendeiner Weise herabsetzen oder begrenzen oder in diesem Sinn aufgefaßt werden könnte. Für einige bedeutete dies, daß Gott sogar jenseits des Seins sei oder daß zumindest die Aussage „Gott *ist*" nicht beinhalte, *was* er ist.[1] Andere hielten es für zulässig, vom Sein Gottes zu sprechen, wenn dieses deutlich von der Art Sein unterschieden wurde, das Dinge in der sinnenfälligen und selbst der intelligiblen Welt haben können.[2] Solche Feinheiten waren im griechischen Denken zum Teil dadurch möglich, daß die griechische Sprache sie ausdrücken konnte. Die verhältnismäßige *inopia verborum* des Lateinischen – wenigstens bis ins spätere Mittelalter – machte Befürchtungen in diesem Punkt für lateinischsprechende Gelehrte weniger akut. Für Anselm von Canterbury reichte der Versuch aus zu beweisen, „daß Gott wirklich ist" *(quia deus vere est)*[3]; er hatte keine Furcht, damit etwas Gottes Unwürdiges auszusagen. Die Begriffe *ens, essentia, existentia, subsistentia* waren noch nicht technisch befrachtet wie im späteren Mittelalter. Er kann sagen, *ens* bedeute das gleiche wie *existens* oder *subsistens,* und *essentia* stehe im gleichen Verhältnis zu *esse* und *ens* wie *lux* zu *lucere* und *lucens (Monologion* 6, 1.20.15–16). Alle drei sagt er von der Gottheit aus, mit klaren trinitarischen Konnotationen. Selbst für Thomas von Aquin drehen sich die brennenden Fragen nicht darum, ob wir überhaupt von Sein Gottes sprechen dürfen, sondern darum, ob Gottes Existenz selbstevident und beweisbar ist *(Summa Theologiae* I.q.2.aa.1,2).

Der Hintergrund der in christlicher Sicht theologischen Fragen um die Anwendung bestimmter Begriffe von Sein auf Gott waren die vielleicht hauptsächlich philosophischen Fragen, die Aristoteles in der *Metaphysik* behandelt. Er schreibt, daß es eine Wissenschaft vom Sein als Sein gibt (IV.1.003a21–322). Ab dem späten 12. Jahrhundert lag Avicennas *Metaphysik* auf Latein vor, und ab dem frühen 13. Jahrhundert konnte man Averroes' Kommentar zu Aristoteles' *Metaphysik* auf Latein lesen. Avicenna meint, die Metaphysik könne nicht beweisen, daß Gott existiert, denn dann wäre sie eine selbstreferentielle Wissenschaft und versuchte das Unmögliche, nämlich die Existenz dessen zu beweisen, von dem sie handelt. Averroes meinte, Gottesbeweise seien Aufgabe der Physik, nicht der Metaphysik; denn die Physik könne beweisen, daß es einen Ersten Beweger geben müsse.

Im 13. Jahrhundert gab es in den Schulen eine lange Auseinandersetzung über dieses Problem und damit verbunden darüber, ob Wesen, Sein und Existenz dasselbe sind und, wenn nicht, in welcher Beziehung sie zueinander stehen. Hier ist Gott das zentrale Problem; denn es scheint, daß Wesen und Existenz in ihm eins sein müssen, wenn er existiert. Doch es erhob sich auch eine Reihe verführerischer Nebenfragen zu Wesen und Existenz geschaffener Dinge. Heinrich von Gent neigte zur averroistischen Lösung und versuchte, die Verbindung von Sein mit Gutheit, Wahrheit, Einheit als wesentlichen und daher nicht irgendwie „hinzukommenden" Eigenschaften auszuloten.[4] Er schreibt, wenn Sein eine Art hinzukommendes *esse* wäre, könnte man schwer sehen, was es wäre: Substanz? Materie? Form? Akzidens? Ägidius von Rom griff die Fragen auf, die sich hier zu „Substanz", „Materie", „Körper" und „Quantitäten" stellen.

Am Ende des 13. Jahrhunderts gab es, grob gesprochen, drei verschiedene Ansichten, und ihre Bandbreite illustriert sehr gut die Komplexität der Auffassung von der Beziehung zwischen dem Problem zu definieren, was Dinge sind, und davon in einer Vielzahl von Ausdrucksformen zu reden, wie sie die Sprache bereithält. Albertus Magnus vertrat den Standpunkt, Existenz sei ein *aliquod,* ein Etwas „zusätzlich zum Wesen". Siger von Brabant vertrat das andere Extrem, daß *ens* und *res,* „Seiendes" und „Ding", zwei Wörter für ein und dasselbe Wesen *(essentia)* seien. Er beharrt darauf, daß sie nicht bloße Synonyme sind. Auch bezeichnen sie nicht zwei *intentiones,* wie wenn man sagt, daß der Mensch „sterblich" und „zum Lachen fähig" ist. Sie bezeichnen dieselbe *intentio* in verschiedenen *modi. Ens* bezeichnet den Modus des *actus, res* den Modus des *habitus.* Der Unterschied in der Verwendung der beiden Begriffe betrifft also nur den *modus significandi,* den Modus des Bezeichnens, und impliziert nicht, daß noch etwas „zum Wesen hinzukommen" muß, damit ein Ding ist. Eine dritte Richtung betrachtete *esse* wohl als etwas zum Wesen eines Dinges Hinzukommendes, aber so, daß es weder ein Akzidens noch dem aktuellen Wesen zugehörig wurde.[5]

Sowohl das platonische als auch das aristotelische Erbe schuf also eine Atmosphäre geschärfter Bewußtheit, wie über Gottes Sein oder Existenz zu reden sei. Das heißt, seine Existenz konnte nicht einfach mit seinem Sein gleichgesetzt werden; außerdem konnte das verfügbare lateinische Vokabular nicht ungeprüft für die Diskussion verwendet werden. Eine Lösung bestand in der Weigerung, überhaupt über Gottes Existenz oder Sein zu sprechen, oder in dem Versuch, nichts Positives über ihn auszusagen. Diese Haltung hatte eine lange christliche und philosophische Tradition.

Die Kappadokier, speziell Gregor von Nyssa, hatten betont, daß Gott für den Menschen letztlich unerkennbar sei, gewiß für das Forschen des menschlichen Verstandes. Pseudo-Dionysius verfolgt weithin dieselbe Linie, geht aber noch einen Schritt weiter. Er würde argumentieren, die Unerkennbarkeit sei nicht nur auf die Beschränkung des menschlichen Geistes zurückzuführen, sondern auch eine Eigenschaft Gottes selbst. Daraus folgt, daß wir über Gott keine wahre Aussage machen können, außer wenn wir Negationen verwenden. Dieser Weg führt zur Mystik, aber auch zu philosophischen Konsequenzen, und diese entwickelten sich bei einer Reihe mittelalterlicher Autoren im Abendland, die speziell durch Eriugena Zugang zu dieser Tradition hatten. Doch auch hier ist ein Blick auf Anselm aufschlußreich. Im ersten Kapitel seines *Proslogion* umreißt er eine ganz abendländische Sicht von der Vorstellung der göttlichen Unzugänglichkeit. Es gibt keine Anzeichen dafür, daß Anselm direkt oder über Eriugena das Denken des Pseudo-Dionysius kannte. Anselm beginnt mit der Aufforderung an den Leser, sich in die „Kammer" seines Geistes zurückzuziehen, alles außer Gott auszuschließen und die Tür zu versperren. Während er betet, Gott möge ihn zu sich führen, ist er gezwungen, auszurufen, daß Gott „unerreichbar" ist, „in unzugänglichem Lichte" wohnt (I Tim. 6,16). Es ist niemand da, der ihn zu diesem Licht führen kann, und er weiß nicht, welche Zeichen er als Hinweis auf die Gegenwart Gottes erkennen soll; er weiß nicht, wie Gott „aussieht". Das Abbild Gottes in Anselms eigener Person ist durch die Sünde so beschädigt und zerstört, daß es seinen Zweck nicht mehr erfüllt und ihm nicht mehr zeigt, wie Gott ist. Anselm löst die Schwierigkeit, indem er nicht darum bittet, Gott zu erkennen, wie er ist – denn er weiß, daß dies seinen Verstand übersteigt –, sondern „Gottes Wahrheit" zu erkennen sucht. Diese Wahrheit glaubt und liebt er bereits, und er vertraut darauf, durch seinen Glauben ein gewisses Maß an Verstehen zu erlangen. Ziel seines Gebetes ist nicht, daß ihm ein intellektuelles Verständnis der Wahrheit als Stütze des Glaubens gegeben werde, sondern daß er durch den Glauben ein wenig von der Wahrheit Gottes erblicke, den er nie ganz verstehen oder kennen kann, wie er ist.[6] Wie sehr Anselm Augustinus verpflichtet ist, wird hier recht deutlich; und natürlich ist der Einfluß des Platonismus spürbar, der ihn auf diesem Weg erreichte. Doch er bezieht sich auch direkt auf das Neue Testament, und er zeigt, daß mittelalterliche Gelehrte manchmal mehr oder weniger unabhängig zu ähnlichen theologisch-philosophischen Positionen kommen konnten wie ihre Vorgänger, zu denen sie tatsächlich keinen direkten Zugang hatten.

Anselms eigene Lehre von Gottes Erkennbarkeit ist wesentlich für seinen Gottesbeweis. Die Vorstellung, daß nur das von Gott aussagbar ist, was er nicht ist, war für seine Argumentation nicht notwendig. Für andere mittelalterliche Autoren war sie hingegen zentral. Im späten 12. Jahrhundert stellte Alain von Lille seine Serie theologischer Axiome zusammen, die *Regulae theologicae.* Die Tradition des Pseudo-Dionysius kannte er mit Sicherheit. Regel XVIII lautet: *Omnes affirmationes de Deo dict(a)e incompacte, negationes vere.* In seinem Kommentar erklärt Alain, daß affirmative Aussagen über Gott sich dadurch von affirmativen Aussagen über Geschöpfe unterscheiden, daß wir, wenn wir zum Beispiel sagen, „Petrus ist gerecht“, „Petrus“ und „Gerechtigkeit“ zusammenbringen, so daß eine *compositio* geschieht und wir die Aussage als *compacta* beschreiben können. Wenn wir sagen, „Gott ist gerecht“, machen wir keine solche Verbindung. Gottes Gerechtigkeit ist Gott selbst, und die Aussage ist *incompacta,* nichtzusammengesetzt. Eine solche „unangebrachte“ oder außergewöhnliche Verwendung oder Bezeichnung liegt nicht vor, wenn wir eine negative Aussage über Gott machen, meint Alain; denn dann „nehmen“ wir Gott weg, was nicht zu seinem eigentlichen Sein gehört. Er zitiert Pseudo-Dionysius namentlich als Autorität. Alain hat das Prinzip, daß nur negative Aussagen über Gott im strengen Sinne wahr sein können, den Erfordernissen der Zeichentheorie im 12. Jahrhundert angepaßt, aber im Kern bewußt von seiner Quelle übernommen.

Mit Thomas von Aquin kommen wir zu einer systematischeren und entwickelteren Behandlung der komplexen Frage, die Anselm, Alain, Bonaventura und andere verschiedentlich berührten. In seiner *Summa theologiae* behandelt er die Erkennbarkeit Gottes nicht zusammen mit den Fragen nach Gottes Existenz und Sein, sondern später, nach der Betrachtung von Gottes Einfachheit, Vollkommenheit, Gutheit, Unendlichkeit, Unwandelbarkeit, Ewigkeit und Einheit. Thomas argumentiert, daß geschaffene Intellekte das Wesen Gottes sehen können (I.q.12.a.1), und zwar nicht durch ein Abbild, sondern wie er ist (a.2). Allerdings kann der geschaffene Intellekt Gott nicht mit den körperlichen Augen (a.3) oder mit seinen natürlichen Kräften (a.4) sehen. Auch können Geschöpfe Gott nicht begreifen (a.7) oder alles sehen, das er ist, wenn sie sein Wesen sehen (a.8). Sie können sein Wesen überhaupt nicht in diesem Leben sehen (aa.11,12). Thomas meint, daß man Gott benennen kann, solange man versteht, daß wir ihn nur so weit benennen, wie unsere Geisteskräfte ihn erkennen können. Das bedeutet, daß wir ihn auf die eine oder andere Weise nach geschaffenen Dingen benennen müssen: als ihren Ursprung oder durch einen Vergleich, der auszudrücken versucht, wieviel vollkommener er ist als sie. Kein Name, den wir von Gott aussagen können, kann sein Wesen in sich selbst ausdrücken (I.q.13.a.1). Er lehnt auch die Schule ab, die sagt, nur negative Aussagen könnten von Gott wahr sein. Er zitiert Argumente des Johannes Damascenus *(De fide orthodoxa* i,9) und des Pseudo-Dionysius *(De divinis nominibus* i,4), die eine solche Ansicht unterstützen, und widerlegt sie. Er räumt ein, daß einige negative Aussagen über Gott zutreffen, die die Entfernung zwischen seinen Geschöpfen und ihm oder ihre Beziehung zu ihm ausdrücken. Er selbst findet jedoch nicht, daß affirmative Aussagen über Gott wie „gut" und „weise" eigentlich negativ gelesen werden müßten, als Ausdruck einer „Entfernung von Gott", statt als positive Aussagen über seine Substanz. Er erwähnt Alains *Regulae* (21,26), aber nur, um ihm zu widersprechen. Seiner eigenen Ansicht nach bezeichnen solche Namen die göttliche Substanz und werden substantiell von Gott ausgesagt, wenn sie auch nicht voll zum Ausdruck bringen, was er ist *(Summa theologiae* I.q.13.a.2).

Meister Eckhart geht in der nächsten Generation in das andere Extrem: Statt Thomas' kraftvoller Sachlichkeit im Hinblick auf das Thema positiver Aussagen über Gott ist für ihn die mystische Erfahrung einer höheren Bewußtheit entscheidend für alles Wissen von Gott. Es war sein Bestreben, gleichsam im Geist Gottes zu stehen, so daß Gott als der Andere aufhört, Objekt des christlichen Suchens zu sein, daß der Gläubige erkennt, wie Gott erkennt und sagen kann: „Mein wahrstes ‚Ich' ist Gott." Er glaubte, so verstanden zu haben, daß Gott überhaupt kein Wesen in irgendeinem Sinn ist, den der menschliche Verstand erfassen kann, wie wenn er andere Wesen erkennen will. Man kann nicht mehr sagen als „Gott ist", und das ist dasselbe, wie zu sagen „Gott ist nicht", denn Gott ist weder dies noch das.

Wir werden über die frühere „negative" Theologie hinaus zu einer Position geführt, wo wir sagen müssen, daß nichts außerhalb Gottes ist, daß die Bewußtheit des wissenden Menschen in Gott ist und daß negative Aussagen über Gott nur notwendig sind, weil in der menschlichen Sprache alle Aussagen unvermeidlich auf einen Einzelfall oder Teilaspekt bezogen und bestimmt sind. Etwas aussagen heißt, das nicht Ausgesagte auszuschließen. Deshalb ist es unmöglich, positiv über Gott zu sprechen, ohne irgendeine Grenze oder Einschränkung zu implizieren. Nur durch die Negation von Negationen bekommen wir Einblick in das, was Gott ist. So können wir zum Beispiel sagen, daß er unendlich ist. Das sollte nicht als Verneinung jeder Konnotation von Grenze oder Einschränkung verstanden werden, sondern als Bejahung der Verneinung von Grenze oder Einschränkung, indem man die negative Vorstellung von Grenze oder Einschränkung negiert.[7]

Mit Nikolaus von Kues kommen wir zu der vielleicht am höchsten entwickelten, wenn auch exzentrischsten mittelalterlichen Untersuchung der negativen und mystischen Theologie. Nikolaus machte sich die Paradoxien in allen diesen Meinungen zunutze. So beweist er in *De docta ignorantia* (I.6ff.) die Existenz Gottes in der Definition des absoluten Maximums.[8] Eine der folgenden Aussagen muß wahr sein: Das absolute Maximum ist, oder es ist nicht, oder es ist weder, noch ist es nicht. Wenn eines von diesen absolut wahr sein muß, gibt es eine absolute Wahrheit. Diese muß per definitionem, nimmt Nikolaus an, mit dem absoluten Maximum identisch sein. Außerdem muß wahr sein, daß – da das absolute Maximum alles ist, was sein kann – nichts Größeres oder auch Kleineres als dieses Maximum sein kann. Das Minimum ist aber das, im Vergleich zu dem nichts kleiner sein kann. So kommen wir zu unserem paradoxen Schluß, daß das absolute Minimum identisch mit dem absoluten Maximum ist. Eine andere paradoxe Wahrheit für Nikolaus von Kues ist, daß in Gott alle Gegensätze zusammenfallen, weil Gott über und vor allen gegensätzlichen Kräften steht.

Die letztlich neoplatonischen Traditionen zum Sein Gottes setzten sich also durch die gesamte mittelalterliche Diskussion dieses Themas fort; sie verursachten keine unüberwindlichen Schwierigkeiten für christliche Theologen, aber sie machten eine erhebliche Erweiterung der begrifflichen und sprachlichen Ressourcen erforderlich.

Anmerkungen

1 Plotin, *Enneaden,* V.3 [49] 14.6–7.

2 Verweise in CHLGEMP, S. 469, 494, 497. Vgl. auch Anselm, *Monologion* 26, zu der Idee, daß Gott außerhalb und oberhalb jeder „Substanz" steht, wenn wir das Wort „Substanz" auf gewöhnliche Weise verstehen.

3 *Proslogion,* Prooemium.

4 J. Paulus, „Les disputes d'Henri de Gand et de Gilles de Rome sur la distinction de l'essence et de l'existence", AHDL 1942, 23–358.

5 Ägidius von Rom, *Theoremata de esse et essentia,* ed. E. Hocedez, Louvain 1930, und engl. Übersetzung M.V. Murray, Milwaukee 1952, deren Einführung diese Ansichten diskutiert.

6 *Proslogion* I.

7 Vgl. C.F. Kelley, *Meister Eckhart on Divine Knowledge,* Yale 1977, S. 60ff.

8 Es ist vielleicht angebracht zu bemerken, daß er hier Anselm verpflichtet ist.

Das Christentum erbte die Ansprüche eines philosophischen Systems, das sich mit keinerlei Vielheit in Gott abfinden konnte und alles andere als äußerste Einfachheit als Gottes unwürdig betrachtete. Diese Position harmonierte auch sehr gut mit dem islamischen Monotheismus, und Ägidius von Rom merkt an, daß Averroes dies als Grund für seine Aussage angibt, daß es in Gott keine Dreifaltigkeit geben kann *(Errores philosophorum* IV.7). Für Christen bedeutete die Trinitätslehre jedoch eine Herausforderung, die sie annehmen mußten.

Die besonderen philosophischen Schwierigkeiten, die die Trinitätslehre in den ersten Jahrhunderten verursacht hatte, und die damit verbundenen christologischen Probleme waren im Abendland seit Augustinus insgesamt nicht als belastend empfunden worden. Augustinus hatte endgültig ein geeignetes lateinisches Fachvokabular um *substantia* und *persona* entwickeln helfen, und er hatte in *De trinitate* die wesentlichen Prinzipien der göttlichen Einheit, der Gleichewigkeit und -rangigkeit der Personen darlegt, die in den frühen christlichen Jahrhunderten so umstritten gewesen waren. Boethius hatte mit logischen und mathematischen Analogien neues Anschauungsmaterial für seine Darstellung geliefert. Er griff die pythagoreische Regel auf, daß „eins" nur zur Mehrzahl werden kann, wenn irgendeine „Andersheit" hinzukommt (in der Geometrie kann man zum Beispiel jede beliebige Zahl von Punkten übereinanderstapeln, und es wird dennoch nur ein Punkt da sein; wird aber ein Punkt auf einer Linie vom anderen getrennt, dann beginnt sich der Punkt zu vervielfachen). Die Arianer, die versuchten, Stufen der Verdienste *(gradus meritorum)* in die Trinität einzuführen, machten Gott dadurch zu einer Vielheit. Die Gleichheit der Personen ist daher eine Garantie für Gottes Einheit, keine Quelle der Vielheit *(De trinitate* 1).

In der Logik sprechen wir auf drei verschiedene Weisen von Gleichheit und Verschiedenheit. Etwas kann erstens zur selben Gattung gehören. So ist ein Mann das Gleiche wie ein Pferd. Vater, Sohn und Geist sind nicht drei Götter, sondern einer, denn es gibt keine *differentia,* die sie in Art oder Gattung *(species* oder *genus)* unterschiede (I). Zehn Kategorien können von allem Geschaffenen ausgesagt werden, aber bei Gott ist alles von seiner Substanz. Er ist nicht gut, sondern Gutheit, nicht gnädig, sondern Gnade (IV). Substanz, Qualität und Quantität von Gott auszusagen heißt, die göttliche Substanz auszusagen, zu sagen, was er ist *(quid).* Die anderen Kategorien lassen sich auf eine zweite „theologische Kategorie" zurückführen, die der Beziehung *(ad aliquid).* Bei Gott aber gilt die Regel der Gegenseitigkeit, die gewöhnliche Beziehungen betrifft, nicht. Wenn man von einem Sklaven spricht, muß man normalerweise auch von einem Herrn sprechen. Ein Vater muß einen Sohn haben usw. Gottvater hingegen war immer Vater und der Sohn immer Sohn. Durch die Zeugung des Sohnes entstand keine neue Beziehung, denn die Zeugung ist ewig. Sohnschaft und Vaterschaft sind in der Trinität nicht auf die gleiche Weise voneinander abhängig wie bei Geschöpfen (V).

Zweitens kann man sagen, daß Dinge der gleichen Art *(species)* angehören (Cato ist das Gleiche wie Cicero). Es gibt auch Gleichheit der Zahl (Tullius ist der Gleiche wie Cicero). Drittens kann man sagen, daß Dinge sich numerisch unterscheiden. Numerische Unterschiedenheit ist das Ergebnis unterschiedlicher Akzidentien. Cato und Cicero können nicht zur genau gleichen Zeit am gleichen Ort sein, doch Tullius und Cicero können und müssen dies.

Es ist klar, daß bei der Gottheit, bei der es keine Akzidentien gibt und auf die auch Gattung und Art nicht anwendbar sind, die Regeln der Logik herausgefordert sind, so daß wir nicht von vielen Göttern sprechen können (ibid.). Wenn „Gott" dreimal ausgesagt wird, von Vater, Sohn und Heiligem Geist, gibt es dadurch nicht drei Götter (III).

Diese Schrift des Boethius wurde zum Brennpunkt einer neuen philosophischen Auseinandersetzung im 12. Jahrhundert. Thierry von Chartres und Gilbert von Poitiers gehörten zu den Lehrern, die vor der Mitte des Jahrhunderts in den nordfranzösischen Schulen über seine *opuscula* lasen. Gilbert erfuhr Widerspruch, als er versuchte, Ideen ins Lateinische zu zwängen, für die die Sprache technisch noch nicht entwickelt genug war. Gilbert versuchte, die Beziehung zwischen „Gott" und seiner „Göttlichkeit", *deus* und *divinitas,* durch eine Analogie zur natürlichen Welt zu erklären. Es ist eine Sache, zu sein, und eine andere, das zu sein, wodurch etwas ist: *aliud est quod est, aliud quo est.*[1] Gilbert hatte sicher nicht die Absicht, der *divinitas* einen kausalen Sinn zu geben, als er von *deus a divinitate* sprach[2]; tatsächlich behauptete er fest, daß *divinitas* Gott selbst sei.[3] Seine Gegner hatten ihn allerdings im Verdacht, einen weiteren Gott ins Gespräch zu bringen, d.h. Gott pluralisch zu machen. Gilbert wurde 1148 in Reims wegen Irrlehren zu diesen und anderen Themen vor Gericht gestellt, doch seine scharfsinnige Analyse der Boethius-Texte blieb bei seinen Schülern einflußreich (viel später im 12. Jahrhundert nahm Alain von Lille Verweise auf Gilberts Kommentar zu Boethius' *De trinitate* in seine *Regulae* auf, X, XII).

Unabhängig von diesem formalen Boethius-Studium innerhalb der Schulen hatte Anselm von Canterbury im späten 11. und frühen 12. Jahrhundert die trinitarischen Fragen mit seinen Schriften über die Inkarnation des Wortes und den Ausgang des Heiligen Geistes wieder aufgegriffen. Die erste entstand in der Zeit, als er von Bec nach Canterbury zog, die zweite nach dem Konzil von Bari 1098, wo Urban II. Anselm gebeten hatte, sich gegen die Griechen etwas einfallen zu lassen und ihnen zu beweisen, daß der Geist ebenso vom Sohn ausgeht wie vom Vater. Beide Schriften sind eng verwandt in ihrem Anliegen, die Einfachheit Gottes in seiner Dreifaltigkeit zu beweisen. In der ersten ist Anselm bemüht, Roscelin von Compiègne zu antworten, der ihn einen Ketzer genannt hatte und den er schon in einer früheren Version von *De incarnatione verbi* zum Schweigen zu bringen versucht hatte. Roscelin hatte ein Beispiel zitiert, das Anselm offenbar gern anführte, wenn er mit seinen Mönchen sprach. Wenn wir sagen, daß jemand „weiß", „gerecht", „gebildet" ist, meinen wir nicht, daß er drei getrennte Einheiten ist. Die Kraft der Analogie ist im Lateinischen etwas anders, weil die Wörter *albus, iustus, grammaticus* als Substantive wie als Adjektive dienen können, so daß sie gleichzeitig bedeuten „der Weiße", „der Gerechte", „der Gebildete". Roscelin hatte das Bild viel weiter geführt, als Anselm gewollt hatte, und ihn beschuldigt, er sage tatsächlich, daß entweder die Trinität wie drei Seelen oder drei Engel sei, oder aber (wenn die Trinität nicht in dieser Weise drei *res* war), daß der Vater und der Heilige Geist mit dem Sohn Mensch wurden. Dies habe Lanfranc eingeräumt, behauptete er, und Anselm würde zustimmen, wenn er eine Disputation mit ihm führte.[4] Anselm versuchte daraufhin, exakt zu klären, was er mit seiner Analogie beabsichtigt hatte. Damit, daß „Vater", „Sohn", „Geist" von Gott gesagt werden könnten wie „weiß", „gerecht" usw. von einem Menschen, hatte er nur ein oder zwei Prinzipien zeigen wollen. Wenn gesagt wird, daß Dasein oder Fehlen von „Vaterschaft“, „Sohnschaft“, „Ausgehen“ „eine gewisse Veränderung bewirken“ *(aliquam faciant ... mutationem),* die die göttliche Substanz betrifft *(circa divinam substantiam),* wie die weiße Farbe oder Gerechtigkeit von einem Mann ausgesagt werden können oder nicht, oder wenn gesagt wird, man könne den Vater auch den Sohn oder den Geist nennen[5], dann will Anselm mit einer solchen Deutung nichts zu tun haben. Wenn seine Analogie als Erklärung gedeutet wird, wie „Vater“, „Sohn“, „Heiliger Geist“ von Gott ausgesagt werden können, ohne daß es drei Götter sind, ist er zufrieden. Er betont, nicht mehr als dies gesagt zu haben.

Bei seinem Versuch, die Griechen von der westlichen Lehre vom doppelten Ausgang des Geistes zu überzeugen, sollte Anselm spüren, daß Analogien die Gefahr bargen, von entschlossenen Gegnern zu weit geführt zu werden. Doch dies war seine erste Begegnung mit einem guten Kopf, der entschlossen war, ihn zu überlisten. Roscelin war nicht still. Er fing wieder an, und diesmal gab Anselm jeden Versuch auf, die Möglichkeiten der Analogie mit „weiß“, „gerecht“, „gebildet“ zu klären. Das war klug von ihm, denn er hatte sich weiter in die spekulative Grammatik hinausgewagt, als er mit seinen technischen Mitteln bewältigen konnte.[6]

In seinem zweiten veröffentlichten Brief *Von der Inkarnation des Wortes* griff er zunächst die Behauptung an, drei Personen müßten drei Dinge sein, was die Einfachheit Gottes zerstören und ihn pluralisch machen würde. Anselm drängt Roscelin, zu erklären, was er mit „Dinge“ meinte. Kein Christ mag sagen, Vater und Sohn seien ein Ding in ihrer Vaterschaft und Sohnschaft. Doch Christen glauben, daß sie in dem, was sie gemeinsam haben, ihrer Gottheit, ein Ding sind. Wieder greift Anselm auf den Begriff der Aussage zurück und sagt, Gott sei darin einzigartig, daß „Vater“ und „Sohn“ von einem Wesen ausgesagt werden; wenn ein Mensch „Vater“ genannt wird, dann in Beziehung zu einem zweiten Menschen, der sein Sohn ist. So könnten wir sicher sagen, daß Vater und Sohn zwei Dinge sind, wenn wir das mit „Ding“ meinen. Doch das ist es nicht, was Roscelin meint. Durch den Vergleich mit drei Engeln oder Seelen rutscht er von der relationalen Aussage (die nur bei Gott angebracht ist) in eine substantielle Aussage, die bei allem Geschaffenen zulässig ist (Kap. 2). Er sagt, daß Gott drei Substanzen habe und daher drei Götter sei. Dann entwickelt Anselm die Implikation von Roscelins Fehler; dabei berührt er eine Vorstellung, die er von Boethius' *De trinitate* entlehnt haben konnte, falls er sie kannte: daß eine Reihe von *puncta* nie pluralisch ist, bevor die Punkte auf einer Linie getrennt werden (Kap. 15). So ist es mit der Ewigkeit. Zeitpunkte bilden keine Zeit, bevor es einen Unterschied zwischen ihnen gibt. Sooft die Ewigkeit auch in sich wiederholt wird – sie wird nicht vervielfacht. Da Gott Ewigkeit ist, kann es keine Mehrzahl von Göttern innerhalb der Gottheit geben. 1x1x1=1 (Kap. 15).

In *De processione Spiritus Sancti* untersucht Anselm die Weisen, in denen Attribute wie Ewigkeit oder Schöpfer von Gott als einem ausgesagt werden, ohne Vielheit zu implizieren, und fragt, wie es sein kann, daß wir nicht mehr als einen Gott implizieren, wenn wir sagen (und das müssen wir), „Vater“, „Sohn“, „Heiliger Geist“ seien nicht alle eins, sondern voneinander unterschieden und pluralisch. Es scheint, als ob die Einheit des Seins Gottes es unmöglich machte, von Beziehungen innerhalb der Trinität zu sprechen – oder umgekehrt, als ob die Existenz solcher Beziehungen Vielheit statt Einheit implizierte.

Wir müßten lange suchen, um eine so originelle und in mancherlei Hinsicht so wenig von den philosophischen Standardquellen abhängige Lösung zu finden wie die Anselms. Doch auch Peter Abälard versuchte, die Frage von ersten Prinzipien her zu durchdenken. Er meint, Vater, Sohn und Heiliger Geist seien nicht in *essentia* verschieden, sondern in *status.*

Richard von St. Viktor verwendete etwas später den Begriff der Liebe zwischen den drei Personen. In Gott, schreibt er, ist die Fülle der Liebe. Vollkommene Liebe erfordert Vielheit, weil sie Liebe zum anderen sein muß. In Gott ist vollkommene Glückseligkeit. Diese erfordert gegenseitige Liebe. In Gott ist Fülle der Herrlichkeit. Wahre Herrlichkeit ist, alles, was man hat, großzügig zu teilen, und dies setzt einen Genossen in der Herrlichkeit voraus. Aus allen diesen Gründen müssen wir Personen in der Gottheit postulieren, und wir können sicher sein, daß sie gleich ewig sind; denn Gott ist unwandelbar. Ebenso sicher können wir sein, daß sie gleich sind; denn gegenseitige Liebe verlangt Gleichheit zwischen Liebenden und Geliebtem.

Einige der Argumente von Boethius' *De trinitate* werden von Alain von Lille in seinen *Regulae Theologiae* übernommen und genutzt. Er betont, daß es keinen Unterschied der Teile und keine Vielheit von Eigenschaften in Gott geben kann, weil in Gott nichts ist als das, was er selbst ist. Alles, was in Gott ist, ist Gott (VIII). Alain versucht wie Augustinus und Boethius vor ihm, aber mit der zusätzlichen Raffinesse seiner Zeit, zu beweisen, daß die göttlichen Attribute (wie Weisheit, Heiligkeit, Kraft) zu Gottes Wesen gehören.

Regulae III und IV betreffen die Trinität. Die „Multiplikation" von eins mit eins, die in der Gottheit vorkommt, bringt keine Vielheit hervor. Alain beschreibt sie als einen Akt der Liebe, in dem der Vater nicht aufhört, er selbst zu sein, sondern er „wendet" *(reflectit)* die Liebe, welche der Heilige Geist ist, auf sein „anderes Selbst" *(in se alterum),* den Sohn. Denn der Heilige Geist geht so vom Vater aus, daß er durch seine Autorität *(eius auctoritate)* auch vom Sohn ausgeht. Die Verwendung eines Prinzips, das es Alain ermöglicht, das doppelte Hervorgehen des Heiligen Geistes zu betonen, ist eine wichtige Weiterentwicklung der patristischen Philosophie in diesem Gebiet, und sie ist wegen der Kontroverse mit den Griechen nötig, die die Ostkirche und die Westkirche seit 1054 trennte. In *Regula* IV behandelt Alain die Gleichheit der Personen der Trinität. Im Vater, sagt er, ist *specialiter* Einheit, im Sohn *equalitas,* denn der Sohn ist als erster dem Vater gleich. Wir können hier eine *connexio* von Einheit und Gleichheit sehen.

Alain hat sowohl allgemeine Probleme der Benennung Gottes als auch Einzelprobleme zur Aussagbarkeit der aristotelischen Kategorien von der göttlichen Substanz im Auge. Wann immer von Gott ein Begriff ausgesagt wird, der bei einem Geschöpf eine Qualität bezeichnen würde, bezeichnet er seine *essentia* (IX). Obwohl viele Namen so ausgesagt werden dürfen, macht dies das göttliche Sein nicht pluralisch (IX). Wenn wir deshalb Gott beispielsweise „gut" nennen, gebrauchen wir den Begriff auf „kopulative" oder konjunktive Weise *(copulata, coniuncta),* weil er auch Gottes andere Attribute impliziert („es ist, als sagte ich, Gott ist gut, heilig, stark", kommentiert Alain). Wenn ich sage, „Petrus ist gerecht", bleiben viele Dinge, die sich auf Petrus beziehen, außerhalb dieser Aussage *(extra hanc praedicationem),* und ich muß andere Begriffe verwenden, um diese Eigenschaften von ihm auszusagen (X).

Als Einleitung zu dem, was er über die Kategorien zu sagen hat, geht Alain zurück zu

Regula VIII und leitet von ihr Regel XI ab. Da Gottes Sein einfach ist, ist es eins mit allem, was er ist. Die Aussage „Gott ist" bedeutet gleichzeitig „Gott ist dies und dies". Weil es keine Verschiedenheit oder Vielheit in diesem Sein gibt, kann es in ihm nicht Substanz und Akzidens geben, wie Boethius sagt *(De trinitate* II): Kein einfaches Wesen kann eine Substanz sein (XII). Wir dürfen hingegen sagen, daß Gott Form ist, denn er gibt allen Dingen Form und erhält von nichts seine Form; und wir dürfen auch sagen, er sei Substanz, wenn wir damit meinen, daß dies Substanz ohne Form ist, d.h. Substanz ohne Akzidens. Substanz in diesem Sinn ist nicht von der Art, gegen die Boethius sich wendet, wenn er sagt, daß kein einfaches Wesen eine Substanz sein kann (XIII). Wir dürfen auch sagen, daß alles Sein von der Form her ist, wenn Gott Form ist (XIV); weil Gott an nichts teilhat, um zu sein, dürfen wir sagen, daß es nichts gibt, von dem her sein Sein ist (XV), und daß er formlos ist *(informis),* weil die göttliche Form ihre Form von keiner anderen bekommt (XVI).

Alain verfolgt diese Fragen zum Gebrauch der Sprache über Gott noch weiter. Wenn ein Nomen das göttliche Sein bezeichnet, bezeichnet es nur scheinbar eine Qualität *(iustus);* im Fall Gottes verhält es sich wie ein Pronomen *(pronominatur)* und bezeichnet nicht eine Gott zugeschriebene Form, sondern die göttliche Form selbst (XVII). Und obwohl wir in anderen Fällen eine „zusammengesetzte" positive Aussage machen, wenn wir zum Beispiel sagen, „Petrus ist gerecht", hat eine positive Aussage über Gott nichts „Zusammengesetztes"; negative Aussagen hingegen kann man ganz direkt über Gott machen *(proprie et vere,* XVIII). Gott ist durch die Gerechtigkeit gerecht, die er selbst ist; aber wenn wir sagen, er ist gerecht, sprechen wir eigentlich von unserem Wissen über die Wirkung seiner Gerechtigkeit auf uns, und so ist das, was von ihm gesagt wird, nicht genau das, was er ist (XIX). Alle Nomina über Gott werden uneigentlich gebraucht, und so liegt Eigentlichkeit in Gottes Sein, aber Uneigentlichkeit in der Aussage, daß er ist (XX).

Wie Boethius meint Alain, die Aussage von Substanz, Qualität und Quantität über Gott sei eine Aussage über die göttliche Substanz und was *(quid)* er ist. Die anderen Kategorien lassen sich auf eine zweite, „theologische Kategorie", die der „Beziehung" *(ad aliquid),* zurückführen (XXII–XXIII) – hier anerkennt Alain, daß er Augustinus *De trinitate* (V.8.9) verpflichtet ist. Aber Thomas von Aquin fragt, wie wir ein Prinzip finden können, nach dem man die Dreiheit der Personen verstehen kann, wenn Gott Unendlichkeit ist und es scheint, daß er alles in eines zusammenfassen muß? Thomas setzt das mathematische Prinzip ein, daß es Grenzen geben muß, bevor es Vielheit geben kann. Das heißt, „eins" muß enden, bevor „zwei" beginnen kann. In Gott gibt es keine Grenze. Doch es gibt eine Unterscheidung des „Ursprungs" durch Beziehung in der Trinität; diese nehmen wir von den drei Personen an. Darin liegt keine Grenze oder Einschränkung, und so können wir diese Unterscheidung als mit der göttlichen Unendlichkeit vereinbar ansehen.[7] In den acht Artikeln der Frage 3 im ersten Teil der *Summa Theologiae* betrachtet Thomas Einfachheit getrennt von der Trinität. Er fragt, ob Gott ein Körper ist, ob er aus Stoff und Form zusammengesetzt ist, ob er dasselbe ist wie seine eigene Natur, ob in Gott Sein und Wesen dasselbe sind, ob Gott einer Gattung angehört, Akzidentien hat, ganz einfach ist, Teil der Zusammensetzung anderer Dinge ist. In den Fragen über die Trinität selbst (I.q.XXVIIff.) behandelt er nur die Implikationen der Idee „Ursprungsbeziehung" *(relatio originis).*

Anmerkungen

1 A. Hayen, „Le concile de Reims et l'erreur théologique de Gilbert de la Porrée", AHDLMA 1935, S. 56.
2 Gilbert of Poitiers, *Commentaries on Boethius,* ed. N.M. Häring, Toronto 1966, S. 98.63.
3 Ibid., S. 90.35.
4 S 1.282.5–8.
5 S 1.282.28–32.
6 S 1.283.1–6.
7 Thomas von Aquin, *Quodlibet* VII, q.3.a.1.

V. Der Kosmos

1. Die Erschaffung der Welt

a) Die Frage nach der Ewigkeit der Welt

Die Christen waren ebenso wie die Philosophen der Antike mit dem Problem konfrontiert, zu erklären, wie ein absolut guter und einfacher Gott Schöpfer eines Universums sein kann, das so anders ist als er selbst, so vielgestaltig, so voller Vielfalt und Vergänglichkeit; wie ein ewiger und unwandelbarer Gott irgendwann zu tun, was er nicht von Ewigkeit tat, begonnen und die Welt ins Sein gerufen haben kann. Die Christen konnten auf die Erzählung der Genesis als wahren Bericht der Schöpfung verweisen, doch sie ließ sehr viele philosophische Fragen unbeantwortet und läßt auch manche theologische Frage offen. Ein Beispiel: Thomas von Aquin fragt, ob Gott den ersten Moment weiß, in dem er die Welt erschaffen konnte. Er antwortet, es habe nie eine Zeit gegeben, in der er dies nicht konnte, weil seine Macht ja ewig ist und nicht zu- oder abnehmen kann. Es sei daher nicht unsere Aufgabe, den Augenblick zu ermitteln, in dem Gott die Welt erschaffen konnte, sondern den Augenblick, in dem er es tat *(Quodlibet* V.9, q.1.a.1). Hier bleibt allerdings das Problem, daß Gott, wenn er eine Welt schuf, die es zuvor nicht gab, irgendwann begonnen haben muß, zu tun was er nicht von Ewigkeit her getan hat.

Wenn wir versuchen, diese Schwierigkeiten zu umgehen, müssen wir, wie es scheint, sagen, daß Gott die Welt nicht erschuf. Das führt jedoch zu weiteren Problemen. Entweder müssen wir sagen, daß sie unabhängig von Gott existiert, was sich nicht mit seiner Allmacht vertrüge, oder daß sie ein Teil oder Aspekt Gottes ist, was sich mit seiner Einheit und Unwandelbarkeit ebenso wenig vertrüge, wie daß er eine Welt geschaffen hat, die zeitlich und voller Unterschiede ist.

Dies sind Schwierigkeiten, mit denen die philosophische Tradition sich ebenfalls auseinandergesetzt hatte – und sie tut es noch. Viele Philosophen der Spätantike waren selbst nicht ganz glücklich mit den ihnen verfügbaren Optionen und besonders nicht mit der Vorstellung, die Welt sei ewig, wenn man darunter verstand, daß die Welt selbst in gewisser Weise göttlich oder Teil der Gottheit war. Im fünften und sechsten Jahrhundert gab es hier erhebliche Meinungsverschiedenheiten zwischen griechischen Platonikern. Diejenigen, denen es darauf ankam, die Ansichten des Aristoteles und des Proclus zur Ewigkeit der Welt zu widerlegen, verfielen auf den Unterschied zwischen einer sinnenfälligen Welt und einer „intelligiblen“ Welt, einer Welt göttlicher Ideen, die als von Ewigkeit her im Geist Gottes gegenwärtig gedacht werden konnte. So ist die Welt ewig allein in Gottes Geist. Ihre sinnenfällige Manifestation ist nicht ewig. Aeneas von Gaza, ein Schüler des Hierokles von Alexandrien und Gründer der Schule von Gaza, gehörte zum Beispiel ebenso wie sein Kollege Zacharias zu jenen, die über die Schöpfung der Welt schrieben. Beide sehen die sinnenfällige Welt als bloße Erscheinung, in der die ewige, intelligible Welt anschaubar wird (PG 85,969 und 1021). Dennoch ist sie in gewisser Weise Wirklichkeit, denn in ihr kann es Wandel und Vergehen geben (PG 85,961). Die sinnenfällige Welt mit all ihren Eigenschaften, die mit dem Sein eines neoplatonischen Gottes unvereinbar scheinen, kann so als nicht ewig angesehen werden;

gleichzeitig kann die Ewigkeit dessen, was in der Schöpfung vollkommen und unwandelbar ist, dadurch gerettet werden, daß man es als Teil der „intelligiblen Welt“ betrachtet. Dies kann jedoch erfordern, Gott selbst als Teil dieser „intelligiblen Welt“ zu verstehen.

Der Christ Maximus Confessor (um 580–662), der in der spätplatonischen und pseudo-dionysischen Tradition schrieb, versuchte in der nächsten Generation zu verfechten, daß man das „Sein“ Gottes als völlig verschieden von dem „Sein“ der intelligiblen Welt ansehen müsse. Wenn man das nicht tut, meint er, läuft man Gefahr, den Schöpfer mit dem Geschaffenen zu vermengen. Er konstruiert eine Kette des Seins, um den Unterschied zu verdeutlichen. Aus der Weisheit Gottes, sagt er, kommen die *logoi,* göttliche Mächte oder Willen, Seinsprinzipien, die ewig im Geist Gottes sind. Sie lassen die intelligible Welt *(intelligibilia)* ins Sein gelangen. Doch während die *logoi* wirklich eins sind, ist die intelligible Welt eine Vielheit (PG 91.1329, 1081, 1085). Die Stoßrichtung seiner Argumentation ist der von Aeneas und Zacharias von Gaza entgegengesetzt, die den Begriff „intelligible Welt“ benutzen wollten, um die Ewigkeit der Welt mit ihrer Vergänglichkeit einerseits und mit den neoplatonischen Regeln über die Natur Gottes andererseits zu versöhnen. Maximus will zeigen, daß die intelligible Welt definitiv weder Gott selbst ist noch auf irgendeine Weise Anteil an seiner Ewigkeit hat, weil sie in seinem Geist immer gegenwärtig ist.

Im Mittelalter wurde die Frage nach der Ewigkeit der Welt erst im 13. Jahrhundert wieder ein aktuelles philosophisches Problem, mit der Wiederentdeckung der aristotelischen Naturphilosophie. Zu den von Ägidius von Rom verurteilten „Irrtümern der Philosophen“ gehören einige, die diesen Punkt betreffen. Er schreibt zum Beispiel, daß Aristoteles lehrt, die sublunare Welt sei von Ewigkeit her geschaffen und werde nie enden (I.6). Averroes sündigt, indem er alle Irrtümer des Aristoteles über die Ewigkeit der Welt mit noch größerem Nachdruck wiederholt (IV). Thomas war bereit, bis zu der Aussage zu gehen, die Welt sei als Idee im Geist Gottes ewig *(Quodlibet* IV.q.1.a.1.p.71). Daß die Welt selbst aber ewig wäre, kann er nicht akzeptieren. Allerdings kann er auch nicht beweisen, daß sie es nicht ist. Er sagt, dies müsse dem Glauben überlassen bleiben *(Quodlibet* XII.q.6.a.1). Das Thema wurde in den 1260er und 1270er Jahren in Paris und darüber hinaus ein ständiger Konfliktherd zwischen der philosophischen Tradition und der christlichen Orthodoxie.[1]

b) Die Grenze zwischen Schöpfer und Schöpfung

Johannes Philoponus (um 475–565) war einer der Christen und Philosophen, die im 6. Jahrhundert in der griechischsprachigen Welt auf Proclus reagierten. Dieser zum Christentum bekehrte Philosoph (Philoponus) ging das Problem ganz anders an. Er suchte genau zu bestimmen, wo die „Grenze“ zwischen dem zu ziehen sei, was wir als ewig und göttlich bezeichnen können, und dem, was wir Materie nennen. Eine unverzichtbare

Vorbedingung ist hier die Einigung darüber, auf welche Seite Sterne, Sonne und Mond gehören. Philoponus' Ansatz erwies sich als hilfreich für diejenigen christlichen Gelehrten des Abendlandes, für die Aristoteles ein direkterer Einfluß als Philoponus, die Fragen der Naturwissenschaft immer drängender und die pseudo-dionysische Tradition auf Dauer ein störender Bettgenosse wurden. Philoponus zog seine Abgrenzungslinie so, daß Sterne und Planeten zusammen mit allem auf der Erde in die Kategorie der wandelbaren Materie fallen; dies tat er so überzeugend, daß er in diesem Punkt eine sichere Grundlage für die spätere christliche Lehre schuf.[2] Wenn wir auf diese Weise einen ewigen Gott und eine nicht ewige Welt der Materie denken, dann haben wir eine Position, die weder mit Aristoteles noch mit Proclus harmoniert.

Sie löste allerdings nicht sofort das Problem der Unvereinbarkeit zwischen einem ewigen, unwandelbaren, allmächtigen und vollkommen guten Gott und einer Welt, die nichts davon ist, obwohl von ihm geschaffen – ein Problem, das sich teilweise aus dem Versäumnis ergibt, Metaphysik von Physik zu unterscheiden. Alkuin (um 735–804) faßt es im karolingischen Abendland in einfache Begriffe. Er zitiert Marius Victorinus aus dem 4. Jahrhundert, der als alter Mann Christ wurde, mit der Paradoxie, daß Gott eins und allein ist, obwohl er wollte, daß es viele Dinge gibt. Alkuin erforscht die Implikationen der Aussage, daß Gott seine Geschöpfe macht, ohne ihnen einen Teil seiner eigenen Substanz mitzugeben. (Denn er wollte nicht, daß sie wären wie er, schreibt Alkuin: *illud esse ... quod ille ipse est.)*[3]

Am Ende des Mittelalters sah das Problem weit komplizierter aus. Nikolaus von Kues versuchte die Paradoxie damit zu erklären, daß es zwischen Endlichem und Unendlichem keine Proportionalität geben kann. Im Hintergrund lauerte immer die verlockende Hypothese, daß Gott eine „Verbindung" zwischen sich und der Welt bewirkt, indem er als ihre Seele in sie eingeht. Dem lateinischen Abendland stand zusätzlich zu Platos *Timaios* und Chalcidius' Kommentar zu diesem Punkt eine beträchtliche philosophische Literatur zur Verfügung, die eine Weltseele postulierte. Vergil spricht im sechsten Buch der *Aeneis* von ihr (VI.726f.) als durch den ganzen „Körper" der Welt verteilt, einem „Geist", der die träge Materie bewegt. Ciceros *Traum des Scipio* und Macrobius' Kommentar dazu waren ebenfalls wichtig. Macrobius beschreibt die *anima mundi* als das Prinzip, das dem Körper des Himmels, den es geschaffen, unaufhörliche Bewegung gibt *(In somnium Scipionis* I.17, S. 541–542).

Christlich gesehen ließ sich die Idee mit der Genesis und der Apostelgeschichte (17,25ff.) rechtfertigen. Doch Augustinus sah hier ein erhebliches Problem auftauchen: die Frage nach dem Unterschied zwischen einem allgegenwärtigen Heiligen Geist – in der Welt gegenwärtig, aber als Gott, nicht als Geschöpf und auch nicht selbst die Welt – und der Vorstellung der heidnischen Philosophen von der Weltseele, die als übernatürliche Macht der sinnenfälligen Welt innewohnt und sie als ihr Leben erhält.

Der feine, aber entscheidende Unterschied war ein Rätsel für Generationen mittelalterlicher Forscher. Im 12. Jahrhundert untersucht Wilhelm von Conches in seiner *Philosophia* die Möglichkeit, daß die Weltseele tatsächlich der Heilige Geist ist, weil durch den Heiligen Geist alles lebt. Oder sie kann eine „natürliche Kraft" sein, von Gott in die Dinge gelegt. Oder sie kann eine unstoffliche Substanz sein, die in jedem Einzelkörper ganz vorhanden ist (PL 172.46). Thierry von Chartres streift das Problem (TC, S. 273). Arnald von Bonneval versucht, die Weltseele als die überströmende Fülle des Heiligen

Geistes zu definieren, die allen vernünftigen und unvernünftigen Dingen gibt, was sie für ihr Sein brauchen (PL 189.1673). Bernardus Silvestris versucht eine poetische Lösung. Er schreibt von der Hochzeit der Weltseele und der Welt, die dazu führt, daß die vier Elemente sich in geordneter Weise organisieren und aus Chaos Harmonie wurde. Dies wird von dem Abstieg der Weltseele *(endelichia)* vom Himmel in einem Chor mathematischer und musikalischer Harmonien angezeigt. Doch Bernardus Silvestris ist absichtlich vage, was den exakten Ursprung und die Identität der Weltseele sowie ihre Beziehung zum Nous betrifft. Nous dient nur als Priester, der die Zeremonie vollzieht.[4]

Nach dem Bekanntwerden mit Aristoteles' *Libri naturales* war das Problem weiterhin aktuell. David von Dinant, der als einer der ersten die *Physik*, die *Metaphysik* und *De anima* las, zog aus seinem Beweis, daß Gott die stoffliche Ursache aller Dinge sei *(principium materiale omnium),* den Schluß, daß Gott selbst „die eine, alleinige Substanz nicht nur aller Körper, sondern auch aller Seelen ist ... und Plato, Xenophon und die Philosophen sind sich einig: Sie sagen, die Welt ist nichts als der für uns wahrnehmbare Gott“[5]. Davids Ansichten wurden verurteilt; aber es ist aufschlußreich, daß der neue Aristoteles zumindest *einen* christlichen Gelehrten so rasch ein wenig vom Pfad der Orthodoxie wegführte.

Man kann nicht behaupten, daß die abendländische Philosophie alle diese Probleme zufriedenstellend gelöst hätte. Gott wurde als von der Welt getrennt und unterschieden verstanden. Die Welt galt als nicht ewig. Aber es blieben ernste Fragen.

c) Die Schöpfung aus dem Nichts

Plato schreibt im *Timaios,* daß Gott bei der Erschaffung der Welt mit präexistenter Materie und Form arbeitete. Dies war für Augustinus nicht akzeptabel; er beschäftigte sich intensiv mit der Frage und war entschieden der Ansicht, daß Gott die Welt aus nichts geschaffen habe. Dies wurde für Gelehrte des christlichen Abendlandes die Standardmeinung.

Für Thierry von Chartres ist es nur nötig, darauf zu bestehen, daß Gott nichts mangelte, als er die Welt schuf; seine höchste Gutheit und absolute Selbstgenügsamkeit waren genug. Er schuf die Welt aus keinem anderen Grund als aus Güte und Liebe, damit es Dinge gebe, die seine Glückseligkeit teilten (TC S. 555f). Für Thierry ist der Status des Materials, aus dem die Welt geschaffen wurde, kein Problem. Gott schuf es als erstes (S. 557). Thierry meint nicht, erklären zu müssen, wie der ewige und unwandelbare Gott eine Welt ins Sein rufen konnte, die so offensichtlich geringer ist als er. Thierrys Zeitgenosse Hugo von Amiens war ähnlich unbelastet durch das Hauptanliegen des Neuplatonismus und faßt die Frage in einfache Worte. „Wenn man vielleicht etwas vor der Erschaffung der Welt suchen wollte, so würde man gar nichts finden. Nur die Ewigkeit war vor allen Dingen da, nur Gott ... Die Wandelbarkeit des Geschaffenen beweist, daß es einen Anfang hatte.“ Jene, die in alter Zeit den Beweisen ihrer eigenen Sinne trauten und sagten, Gott, Materie und Form seien gleichermaßen ewig und Gott sei nicht mehr als ein Werkmeister, beurteilten die Frage gleichsam von sich her *(tamquam de se).* Sie dachten, Gott könne nicht mehr tun als sie selbst. Wie Thierry erklärt er, Gott habe die Welt nicht aus irgendeinem Mangel heraus geschaffen, sondern „aus übergroßer Liebe" *(per caritatem supereminentem).*

d) Der Modus der Schöpfung

In der Genesis geschieht die Schöpfung dadurch, daß Gott spricht. Dies war nicht völlig unvereinbar mit den platonischen und neuplatonischen Theorien über das Wirken des Logos[6], wenn es auch den frühen christlichen Denkern einige Schwierigkeiten bereitete. Wichtiger für das Mittelalter war jedoch ein Schöpfungsmodell oder eine Gruppe von Schöpfungsmodellen, die eine Vorstellung von göttlichem Überströmen, Fortpflanzen oder Vermehren gemeinsam haben. Die Idee einer Emanation, in der Gott sich in die Schöpfung ergießt, wobei er durch seine Gabe nicht vermindert wird, sondern die geschaffene Welt ins Sein ruft, ist bei Augustinus deutlich vorhanden: *cum effunderis super nos, ... non tu dissiparis, sed colligis nos* („Wenn du dich auf uns ergießest, so ... verströmst du dich nicht, sondern sammelst uns": *Bekenntnisse* I.3). In dieser Welt ist Gott ganz überall, und dennoch ist er an keinem Ort *(Bekenntnisse* VI.3). Dieses Bild benutzt Alain von Lille in einer Form, die auch für andere mittelalterliche Autoren attraktiv war. Gott ist eine Kugel, schreibt er, deren Mittelpunkt überall und deren Umfang nirgends ist *(Regulae theologiae* VII). Eine Kugel hat weder Anfang noch Ende; Gott ist eine Kugel, nicht für das fleischliche Auge, sondern für das Auge des Geistes; doch er ist eine Kugel wie keine andere, denn in einer körperlichen Kugel ist das Zentrum ein Punkt ohne Ausdehnung und ohne Ort, der Umfang hingegen ist an einer Vielzahl von Orten. In der göttlichen Schöpfungskugel ist das Zentrum das Geschöpf, ein winziger Punkt im Vergleich mit der Unendlichkeit Gottes, und hat einen festen Platz; die Unendlichkeit Gottes ist der Umfang, und in ihm ist kein *locus* (Ort).[7]

Verwandt mit diesem paradoxen Bild einer Emanation, die etwas anderes als Gott ins Sein ruft und dabei Gott nichts von dem nimmt, was er ist (obwohl das so Entstandene sein Sein und seine Natur ganz von ihm bekommt), ist das Bild der Schöpfung als Akt göttlicher Erleuchtung.[8] Auch dieses ist ein wichtiges augustinisches Thema; Augustinus ist dabei besonders an der Vorstellung jenes Teils des Schöpfungsaktes interessiert, der eine Erleuchtung des Verstandes ist.[9]

Göttliche Erleuchtung als Schöpfungsakt ist ein wichtiges Thema bei Robert Grosseteste, der es ebenfalls eng mit der Lehre verknüpft, daß das Denken geistlicher Erleuchtung bedarf, um Gott und das von ihm geschaffene Universum zu begreifen.[10]

Arabische Philosophen übernahmen das Thema der Emanation von den Griechen, und ihr Einfluß hatte großen Anteil daran, daß sich vom 12. Jahrhundert an auch lateinische Gelehrte zu seiner Verwendung bewogen sahen.[11]

In den Händen des Nikolaus von Kues vervielfachen sich die Paradoxien. Er sieht das Universum als aus Gott entfaltet an, und dennoch als in gewisser Weise „beschränktes" oder „verengtes" „Maximum". Gott ist die absolute *„Washeit" (quidditas)* der geschaffenen Welt, aber diese ist eine „verengte Washeit" *(quidditas contracta),* weil sie endlich ist, und jedes geschaffene Ding ist in sich eine Verengung dieser letzteren, so wie jede *species* die Verengung eines *genus* ist. So führt das Überströmen der göttlichen Fülle in der Großzügigkeit der Schöpfung zu einer Reihe noch stärkerer Verengungen.[12] Auch hier kann man eine Verbindung zu bekannten Ideen der platonischen Tradition sehen. Augustinus schreibt, daß geschaffene Dinge im Strom seines Überfließens weiter von Gott entfernt sind und immer weniger Ähnlichkeit mit ihm haben *(De civ.Dei* IX.17).[13]

Aus der pythagoreischen Mathematik kam eine weitere Variante der Idee einer Schöpfung durch Emanation. Nicomachus von Gerasa schrieb eine *Arithmetica* in der pythagoreischen Tradition, von der Boethius' *Arithmetica* stark abhängig ist. Ihr liegt die Zahlentheorie zugrunde, daß alles von der Eins ausgeht, die selbst keine Zahl ist, sondern der Ursprung der Zahl, die sie durch Vielheit hervorbringt. Diese Vielheit hängt von dem Vorhandensein einer „Andersheit" ab. Die Idee war Anselm vertraut, wie wir in seiner Behandlung der Trinität sahen. Alain von Lille entwickelt sie bei der Besprechung der Trinität und der Schöpfung. Er beginnt seine Sequenz von *Regulae* mit dem Prinzip, daß Gott nicht eins ist, sondern jene Einheit, aus der alle Vielheit, alle Verschiedenheit hervorgeht. Einheit selbst ist ohne Ursprung; sie ist selbst der Ursprung aller Vielheit, ohne selbst pluralisch zu werden. Wenn außerdem eins mit eins multipliziert wird, entsteht keine Vielheit; so zeugt der Vater den Sohn, und der Heilige Geist geht vom Vater aus, während Gott eins bleibt (S. 124f.). Die hier verwendeten Begriffe stammen aus der pythagoreischen Mathematik, wieder vermittelt durch Boethius, speziell seine *Arithmetica,* vermischt mit anderen Elementen, die Alain wahrscheinlich von seinen eigenen Zeitgenossen bezogen hatte.[14]

Er folgt in *Regula* II dem gleichen Gedankengang, wenn er sagt, Gott sei Einheit über den Himmeln; die geschaffenen Engel sind die *alteritas* oder „Zweiheit", die nicht eigentlich Vielheit ist, aber schon die erste Abweichung von der Einheit; unter dem Himmel liegt alle Vielheit, in jenen körperlichen Dingen, deren Vielzahl und Mannigfaltigkeit *obnoxia* sind. Hier ist eine weitere Vorstellung entscheidend: daß Vielfalt und Unterschiedenheit, die Gott unähnlich sind, notwendig „von Übel" *(obnoxia)* sind. Es ist eine weitere Idee mit einer langen nachplatonischen Geschichte.

Roger Bacon versuchte die Idee der mathematischen Multiplikation und die Verhaltensprinzipien des Lichts auf die Frage der Vermehrung der *species* anzuwenden. Er stellte sich eine für jede Seinsart spezifische Kraft vor, die wie Licht von ihrer letztlich göttlichen Quelle her in alle Richtungen ausstrahlt, durch Materie hindurch, die sich für die Bildung der jeweiligen *species* eignet. Weil alle Materien oder Medien den Strahlen der *species* einen gewissen Widerstand bieten müssen, wird der Strahl bei der Vermehrung der *species* notwendig abgeschwächt. Schließlich wird die Vermehrung womöglich zu einem Ende kommen.

Neben diesen im wesentlichen platonischen Prinzipien entwickelten sich Kausalitätstheorien mit starken aristotelischen Wurzeln, aber auch einer neuplatonischen Tradition. Proclus schreibt zum Beispiel, daß alle produktiven Ursachen Sekundärexistenzen produzieren, weil sie einen Überfluß an Kraft haben; sie selbst werden dabei weder verändert noch vermindert, und die Wirkung wird der Ursache ähneln.[15] Aristoteles selbst argumentiert in der *Metaphysik* (994a) gegen die Möglichkeit einer unendlichen Kausalkette. Manche Prinzipien gingen in weitgehend der gleichen Form ins abendländische Denken ein, in der Proclus sie in seiner *Institutio theologica* darstellte. Es galt als axiomatisch, daß die Ursache in der Hierarchie des Seins über der Wirkung steht. Die Zielursache *(causa finalis)* ist Gott selbst. Diese Zielursache ist identisch mit dem Guten, und sie ist eins. Sie ist jedoch auch identisch mit der Wirkursache *(causa efficiens),* die das Geschaffene tatsächlich ins Sein bringt. Sowohl die Zielursache als auch die Wirkursache sind transzendent, aber trotzdem fähig, auf eine Welt einzuwirken, die anders ist als sie *(Propositiones* 1–13).

Die Vorstellung von den vier Ursachen – Zielursache, Wirkursache, Formursache *(causa formalis)* und Stoffursache *(causa materialis)* – war im Abendland vor dem Bekanntwerden des Gesamtwerks von Aristoteles verbreitet. Sie wird zum Beispiel von Seneca in seinen *Epistulae morales* (LXV) beschrieben. Thierry von Chartres identifiziert die Wirkursache mit Gott, die Formursache mit der Weisheit Gottes, die Zielursache mit seiner Freundlichkeit *(benignitas)* und die Stoffursache mit den vier Elementen, die wiederum von Gott geschaffen sind (TC S. 555).[16] Bei Thierry findet sich auch eine Unterscheidung zwischen ersten und zweiten Ursachen. Gott ist die erste Ursache und erstes Prinzip aller Dinge (TC S. 174.83), doch es gibt eine Reihe von Ursachen in geordneter *conexio* (sic) bei der Erschaffung der Welt (TC S. 273.28–32).

Thomas nimmt in der *Summa theologiae* schwierige Fragen über die Verursachung in Angriff. Es heißt, daß Gott selbst nicht die Vorbildursache aller Dinge sein kann, weil die Wirkung der Ursache ähneln muß, und Geschöpfe ähneln Gott nicht (I.q.45.a.3.obi.1). Sie ähneln jedoch den Ideen im Geist Gottes, nach denen sie geformt sind, antwortet Thomas. Wenn gesagt wird, daß Gott nicht Zielursache aller Dinge sein kann, weil das zu implizieren scheint, daß er ein Ziel braucht (I.q.45.a.4.obi.1), oder weil das ihn gleichzeitig zur Wirkursache und zur Zielursache machen würde, sowohl zuvor als auch danach, was unmöglich ist (ibid., obi.4), so hat Thomas Antworten zur Verfügung. Gott ist einzigartig unter Handelnden darin, daß sein Handeln keinem Bedürfnis in ihm entspringt. Er ist nicht nur die Ziel- und die Wirkursache, sondern auch die Vorbild- oder Formursache aller Dinge; all dies bedeutet nur, daß das erste Prinzip alles Seienden letztlich eins ist. Der Nutzen und die Gültigkeit der aristotelischen Kausaltheorie innerhalb einer christlichen Schöpfungstheorie ist unbestritten. Strittig ist nur, in welcher Weise sie dieser anzupassen ist.

Wie Thierry spricht Thomas von ersten und zweiten Ursachen. Wenn er zum Beispiel bespricht, wie der freie Wille des Menschen in Übereinstimmung mit der Prädestination wirkt, so argumentiert er, daß es keinen Unterschied zwischen den beiden gibt. Die göttliche Vorsehung als Erstursache bringt durch Zweitursachen Wirkungen hervor. So können wir sagen, daß, was aus freiem Willen getan wird (Zweitursache), auch vorherbestimmt ist (I.q.23.a.5).

Thomas Bradwardine verfaßte eine „Siegespredigt“, die nach der gewonnenen Schlacht von Crécy am 26. August 1346 gehalten wurde. Darin untersucht er falsche Kausaltheorien, wie sie Astrologen, solche, die an den Zufall, an das Schicksal glauben oder auf menschliches Können, aus Menschenratschlag geborene Weisheit oder gar sexuelle Leistungsfähigkeit trauen, vertreten. Nur Gott ist der Urheber des Sieges, sagt er, denn er ist die Ursache aller Dinge.[17]

Anmerkungen

1 R.C. Dales, „Henricus de Harclay, Quaestio ‚Utrum mundus potuit fuisse ab aeterno'", AHDLMA 1983, 233–255.

2 CHLGEMP, S. 478.

3 P. Hadot, „Marius Victorinus et Alcuin", AHDLMA 1955, S. 5–19.

4 Vgl. B. Stock, *Myth and science in the twelfth century,* Princeton 1972, S. 119–123.

5 Vgl. CHLMP, S. 497ff.

6 Vgl. Stead, S. 103ff.

7 Vgl. Proclus, *The Elements of Theology,* ed. E.R. Dodds, Oxford [2]1963, S. 251; Augustinus, *Bekenntnisse* VI,3.

8 Vgl. *Roger Bacon's Philosophy of Nature,* ed. D.C. Lindberg, Oxford 1983, S. XXXIf.

9 Vgl. R.A. Markus, „Augustine: Reason and Illumination" in CHLGEMP.

10 Lindberg, op. cit., S. XLIX.

11 Zum Beispiel Avencebrols (Ibn Gabirols) *Fons Vitae,* ed. C. Baeumker, BGPM, i.2–7, Münster 1895, S. 106–108.

12 Z.B. *De docta ignorantia* II.4 (116.17–19).

13 Vgl. auch ibid. XXI.8 zur *(regio) dissimilitudinis.*

14 Alain von Lille, *Regulae Theologiae,* ed. N.M. Häring, Analecta Cisterciensia 30, 1974, Anm. 50, 71.

15 Dodds, ed. cit., Proposition 98, S. 87; vgl. den lateinischen *Liber de Causis,* ed. O. Bardenhewer, Freiburg i.Br. 1882, S. 168f.

16 N.M. Häring, „The Creation and Creator of the World according to Thierry of Chartres and Clarembald of Arras", AHDLMA 1955, S. 137–216.

17 H.A. Oberman und J.A. Weisheipl, „Sermo Epinicius, ascribed to Thomas Bradwardine (1346)", AHDLMA 1958, S. 295–329.

2. Die Erhaltung der Welt

Weder Philosophen noch christliche Theologen halten das Werk des Schöpfers für abgeschlossen, wenn er die Welt geschaffen hat. Er erhält sie im Sein. In beiden Traditionen wird das göttliche Wirken hier auf zwei Ebenen diskutiert. Die erste ist die des göttlichen Planes für die Welt mit allen dazugehörigen Fragen zu Vorsehung, göttlicher Allmacht und dem Problem des Bösen sowie dem göttlichen Vorherwissen, Prädestination, Gnade und dem freien Willen vernunftbegabter Geschöpfe. Hier müssen wir ein wenig vorgreifen und das Problem des freien Willens betrachten, bevor wir zur Philosophie und Theologie des Menschen kommen (vgl. S. 87ff.). Die zweite Ebene ist diejenige, die wir heute die naturwissenschaftliche nennen könnten: die Überlegungen zum mechanischen Funktionieren der Dinge.

a) Die Allmacht Gottes

Gibt es Dinge, die Gott nicht tun kann? In der Krise des späten 13. Jahrhunderts war es bei „Philosophen" beliebt, Gottes Macht an bestimmten Punkten in Frage zu stellen; damit bereiteten sie den Theologen erhebliche Schwierigkeiten. Manche Fragen waren schon bekannt: Kann Gott verlorene Jungfräulichkeit wiederherstellen?[1] Kann Gott einen Körper an zwei Orten gleichzeitig sein lassen? Diese letzte Frage war besonders drängend wegen der Implikationen für die Transsubstantiationslehre. Ägidius von Rom trifft die bekannte Unterscheidung, daß der Leib Christi *localiter* im Himmel, aber *sacramentaliter* auf zahllosen Altären gegenwärtig ist.[2] Andere Fragen sollten den Theologen zwingen, entweder eine Wahrheit zu leugnen, die er von Gott aussagen wollte, oder dessen Allmacht zu verneinen. Kann Gott sündigen, wenn er will? Kann Gott zwei einander widersprechende Dinge gleichzeitig wahr sein lassen? Die Verurteilung der 219 Artikel im Jahre 1277 sagte, das sei nicht möglich.[3]

b) Das Problem des Bösen

Solche Spielereien mit Paradoxien hatten einen ernsteren Aspekt. Diese Fragen berührten Grundlagen des ganzen christlichen Systems. Die Grundprobleme liefen am Ende alle darauf hinaus, daß es nicht leicht ist, einen Gott zu verstehen, der vollkommen gut und allmächtig ist, wenn es das Böse in der Welt gibt. Wenn gezeigt werden kann, daß er ein Wesen von eingeschränkter Macht oder eingeschränkter Gutheit ist, läßt das Problem sich lösen; doch dann haben wir einen Gott, der weniger ist als das, was sowohl die platonische als auch die christliche Tradition von ihm behaupten. Der Versuch, Gott nicht als den Urheber des Bösen ansehen zu müssen, hatte die dualistische Tradition der Gnostiker und Manichäer hervorgebracht. Sie lebte im Mittelalter bei den Katharern, Bogomilen und Albigensern weiter, deren Häresien vom 12. Jahrhundert an in bestimmten Teilen Europas sehr beliebt waren.[4]

Fast alle christlichen Autoren des Mittelalters schlossen sich der gängigen philosophischen Meinung der Antike an, daß das Böse ein Nichtiges ist, ein Mangel an Gutem. Augustinus entwickelte sie voll in der lateinischen Tradition, und kein Autor des Mittelalters versuchte ernsthaft, eine alternative Hypothese aufzustellen. Es gab allerdings mittelalterliche Verfeinerungen. Anselm fragt wie Augustinus, wie „nichts" so verheerende Wirkungen haben kann. Er untersucht die Vorstellung, daß das Fehlen dessen, was sein sollte, eine bestimmte positive Kraft hat, weil das „sollte" einen Imperativ setzt. Er übernimmt und entwickelt auch ein Problem, das Augustinus in *De magistro* und später der karolingische Gelehrte Fredegisus behandelt hatten: Da jedes Wort etwas bezeichnet, bezeichnet das Wort „böse" etwas, und auch „nichts" bezeichnet etwas, sonst wäre es kein Wort (vgl. PL 105,751–756). Anselm meint, daß das Wort „böse" wie das Wort „nichts" das Fehlen von etwas bezeichnet, das selbst zusammen mit dem Begriff seines Fehlens bezeichnet sein muß. Es bezeichnet nicht in der gewöhnlichen Weise, indem es etwas setzt, sondern indem es sein Fehlen aussagt. Er nennt viele Beispiele für einen ähnlichen Gebrauch von Wörtern, wo die Form des Ausdrucks nicht mit der Tatsache zusammenfällt. Die Aussage, daß jemand blind ist, beinhaltet nicht wirklich, daß er Blindheit hat, sondern daß ihm die Sehkraft fehlt. Wenn wir sagen: „Das Böse hat dies verursacht", sprechen wir, als wäre das Böse etwas oder, wie Anselm es lieber ausdrückt, „gleichsam etwas" *(quasi-aliquid)*. Hier sehen wir, wie sogar die recht elementare Sprachtheorie der Zeit Anselms, die von der *Logica Vetus* und den römischen Grammatikern abhängt, eine komplizierte philosophische Anwendung findet *(De casu diaboli* 11).

Die „Mangeltheorie" des Bösen wurde von mittelalterlichen Autoren (allen voran Anselm) auch verwendet, um zu erklären, wie es Dinge geben kann, die ein allmächtiger Gott nicht tun kann. Thomas schreibt zum Beispiel, wenn Gott nicht tun kann, was mit seinem Wesen unvereinbar ist, so liegt kein Mangel an der göttlichen Macht vor *(Quodlibet* III.q.1.a.1; vgl. Anselm über *posse)*.

Manche Aspekte des Problems des Bösen überschneiden sich mit der Frage der Vorsehung. Augustinus gab hier wieder die Richtung vor, besonders in der *Civitas Dei*, wo er die Frage aufgreift, warum Gott den Fall eines christlichen Römischen Reiches zuließ, wenn er doch allmächtig ist. Er plädiert für die Ansicht, daß der Plan der göttlichen Vorsehung in seiner Unermeßlichkeit und Güte so weit jenseits unseres Begreifens liegt, daß wir die Angelegenheit einfach im falschen Maßstab sehen. Boethius leistete einen wesentlichen Beitrag zu dieser Literatur mit *De consolatione philosophiae,* das im Mittelalter großen Einfluß hatte. Darin untersucht er nicht nur die Vorsehung, sondern auch Zufall, Schicksal und Glück zusammen mit der Frage des göttlichen Vorherwissens, der Prädestination und des freien Willens des Menschen. Dem Menschen, der den Plan der göttlichen Vorsehung nicht versteht, erscheint das Glück als unbeständig und boshaft; es schmeichelt sich ein, und gerade wenn man ihm traut, verläßt es den Unglücklichen *(Consolatio* II.pr.1). Dem Gläubigen wird klar, daß Glück wie Unglück unter Gottes

Kontrolle ist und entweder belohnt oder straft. Es ist deshalb immer nützlich und in diesem Sinne ein Glück, auch wenn es in einem anderen Sinn Unglück ist (IV.pr.7). Die göttliche Vorsehung, schreibt Boethius, ist der Verstand Gottes selbst; sie lenkt alles Geschaffene und bringt es zu seinem ihm bestimmten Ende. Die Vorsehung legt in einzelne geschaffene Dinge eine Neigung, in einer bestimmten Weise zu handeln, die wir Schicksal nennen. Doch dies ist innerhalb der Vorsehung und unter ihrer Kontrolle (IV.pr.6). Diese Argumentation war für Abälard befriedigend; er ist so weit zu gehen bereit, zu sagen: Wenn es das Böse in der Welt gibt, dann muß es zum Plan der göttlichen Vorsehung gehören. Es muß deshalb gut sein, daß es das Böse gibt (Dialogus ..., ed. R. Thomas, Stuttgart 1970, S. 162f.). Dies kann nur mit vielen Einschränkungen eingeräumt werden, wie frühere Autoren begriffen hatten. Die karolingische Auseinandersetzung über die Theorie von der doppelten Prädestination wandte sich genau diesem Punkt zu; denn wenn Gott jemanden für die Hölle vorherbestimmt, dann scheint er der Urheber des Bösen zu sein. Im späten 11. und im 12. Jahrhundert wurde viel darüber diskutiert, ob Gott das Böse „zulasse".

Ein weiteres aus der antiken Philosophie bekanntes Problem machte dem Mittelalter zu schaffen. Wenn der Abfall vom Guten in jedem Falle böse ist und alles Geschaffene in seiner Natur in verschiedenem Maß vom Schöpfer abweicht, müssen wir dann schließen, daß die geschaffene Welt böse ist? Die gnostische Tradition neigte zu diesem Schluß, zumindest insofern, als die geschaffene Welt auch weitgehend die stoffliche Welt ist. Wieder sieht es so aus, als müßte ein Schöpfergott entweder Urheber des Bösen oder aber nicht allmächtig sein, wenn wir ihn vor dieser Konsequenz retten, indem wir postulieren, die Materie, die seine Welt besudelt, habe eine unabhängige Existenz *ab aeterno.*

Der Rahmen, in dem Philosophen wie Christen dies zumeist sahen, war der einer Welt, die nicht nur aus Gott strömt, sondern auch ständig versucht, zu ihm zurückzukehren. Wenn Gottes Geschöpfe zu ihm zurückkehren, werden sie ihm ähnlich. Wenn sie von ihm abfallen, betreten sie die „Region der Unähnlichkeit" (Plato, *Politik* 273d). Genesis 1,26 schien dies den Christen mit der Aussage zu bestätigen, daß der Mensch nach dem Bild Gottes erschaffen wurde. Augustinus spricht in seinen *Bekenntnissen* von der *regio dissimilitudinis* (VII.10) und scheint auch an anderen Stellen auf sie hinzuweisen. Bernhard von Clairvaux griff das Bild im 12. Jahrhundert auf; er schöpfte aus Augustinus, aber wahrscheinlich auch aus Plato, Athanasius und anderen Quellen, möglicherweise auch Plotin[5], die es in unterschiedlichen Formen verwenden.

c) Zukünftige kontingente Dinge und göttliches Vorherwissen

Aussagen über die Zukunft stellen eine Schwierigkeit dar, die bei Aussagen über die Gegenwart oder Vergangenheit nicht auftaucht, wie Aristoteles in *De interpretatione* (IX) schreibt. Aussagen sind entweder wahr oder falsch. Deshalb muß jedes Prädikat seinem Subjekt zukommen oder nicht. Wenn jemand sagt, daß ein bestimmtes Ereignis geschehen wird, und ein anderer, daß es nicht geschehen wird, dann kann nur einer die Wahrheit sprechen. Sonst würden zwei unvereinbare Prädikate gleichzeitig einem Subjekt zukommen. Wenn es aber wahr ist, daß etwas entweder geschehen wird oder nicht, dann scheint nichts kontingent, sondern alles notwendig zu sein (18a–b).

Aristoteles' Problem schließt die Vorstellung des Vorherwissens nicht direkt ein. Es betrifft das Rätsel der Wahrheit oder des Irrtums von gegenwärtigen Aussagen über eine Zukunft, die dem Sprechenden verborgen ist. Er spricht auch nicht von einem allwissenden, voraussehenden Auge Gottes; so entgeht er all den Komplikationen im Zusammenhang damit, daß ein solches Wesen sich in bezug auf die Zukunft nie irren kann, wenn es allmächtig ist. Boethius, dessen Werk *De interpretatione* deshalb erstrangig war, weil es das Problem künftiger kontingenter Dinge ins mittelalterliche Denken einführte, erweiterte diese Frage in seinem *Trost der Philosophie* in diese Richtung. Wenn es zutrifft, daß jemand sitzt, dann verstehen wir, daß er nicht „sitzt, weil es wahr ist, daß er sitzt", sondern es ist wahr, daß er sitzt, weil er tatsächlich sitzt. Boethius argumentiert, dasselbe müsse für Künftiges zutreffen. Es geschieht nicht, weil es vorausgesehen wird. Andererseits kann Gottes Vorherwissen nicht von dem abhängen, was geschehen wird, so daß das Geschehen sein Vorherwissen bestimmt (V, pr. III). Hinzu kommt das Problem der Weise, in der Gott Dinge vorhersieht, die geschehen können, aber nicht notwendig geschehen werden. Wenn er sie vorherweiß, und sie geschehen nicht, wird er im Irrtum sein, und es ist unfromm, an diese Möglichkeit auch nur zu denken. Doch wenn er vorherweiß, daß sie „entweder geschehen werden oder nicht", kann das überhaupt nicht Vorherwissen genannt werden; denn es hieße, eine Ungewißheit zu „wissen" (ibid.).

Aufgrund dieser Texte konnte Anselm von Canterbury etwas weiter gehen. Er begriff, daß Fragen der förmlichen Beilegung einer Eigenschaft und auch des Sprachgebrauchs mit Aussagen über Notwendigkeit zu tun hatten. Wir sagen oft, etwas „müsse" geschehen, wenn keinerlei nötigende Gewalt im Spiele ist. („Gott muß unsterblich sein.") „Notwendigerweise wirst du zu sündigen vorziehen", ist eine Feststellung dieser Art. „Gott weiß dies vorher, deshalb wird es notwendig geschehen", heißt nichts anderes als: „Wenn dies geschieht, wird es notwendig geschehen". Das ist eine Tautologie, keine Aussage über Ursache und Wirkung *(De concordia* I.2).[6] Alain von Lille fand nicht, daß die Frage der Verursachung auf diese Weise umgangen werden konnte.[7] Er versuchte, die Frage zu beantworten, „ob das Vorherwissen Gottes die Ursache dessen ist, was geschehen wird". Da alles, was Gott vorherweiß, auch kommen muß, scheint es, als ob Vorherwissen bei Gott Notwendigkeit impliziert und tatsächlich Ursache der Zukunft ist. Würde hingegen etwas nicht geschehen, so wüßte Gott, daß es nicht geschehen würde. Andererseits erkennt Alain, daß man, wenn man das göttliche Vorherwissen als Ursache im strengen Sinn ansieht, nicht um den Schluß herumkommt, daß Gott der Urheber des Bösen ist. Ein Jahrhundert später stellt Ägidius von Rom sich Fragen, die im späten 13. Jahrhundert im manchmal halb schalkhaften Geist der Debatten mit den *philosophi* der Artistenfakultäten gestellt wurden. Wissen Engel um künftige kontingente Dinge? (Die bösen Engel bieten hier interessante Schwierigkeiten; und der Fall Merlin wird angeführt, weil er mit Hilfe eines Dämons geboren worden sein soll und die Zukunft gleichsam auf dem Kopf stehend vorauswußte.) Ägidius ist der Ansicht, daß Engel nur wirklich Existierendes in ihrem Geist haben können; künftige kontingente Dinge haben eine bestimmte Existenz; deshalb können Engel kein bestimmtes Wissen von ihnen haben

(Quodlibet X, S. 21). Da das Wissen der Engel jedoch nicht wie das der Menschen durch die Zeit beschränkt ist, ist die Frage in vertrackter Weise schlau und führt zu neuen Schwierigkeiten. Für Bradwardine im 14. Jahrhundert liegt des Pudels Kern in der Paradoxie, daß alles, was Gott tut, vollkommen frei sein muß, und andererseits alles, was Gott tut, nicht anders getan werden könnte, weil es auf die beste mögliche Weise getan wird; daraus scheint zu folgen, daß alles, was Gott tut, notwendig ist.[8]

d) Freier Wille, Prädestination und Gnade

Christliche Theologen können die Frage künftiger kontingenter Dinge und göttlichen Vorherwissens nicht lange diskutieren, ohne daß sie sich mit der nach dem freien Willen, der Prädestination und dem Wirken der Gnade vermengt. Das philosophische Erbe war hier gemischt. Die Stoiker neigten dazu, alle Handlungen als vorherbestimmt anzusehen, obwohl manche betonen, es sei ein Akt der Freiheit, sich willig in das Unvermeidliche zu fügen. Auch Denker, die die Sterne als Anzeiger und Vorzeichen künftiger Ereignisse ansahen, waren Deterministen. Carneades jedoch führte eine platonische Revolte gegen die harte deterministische Linie an und argumentierte, wenn Menschen bloße Marionetten wären, dann könnte es keinen Grund für Lob oder Tadel und keine Gerechtigkeit bei Belohnung oder Strafe geben (vgl. Stead, S. 40).

Augustinus beschreibt in der *Stadt Gottes,* wie ein Thema ins andere übergeht. Er sagt, in Ciceros *De divinatione* (Vom Wahrsagen) werde geleugnet, daß es bei Gott oder Menschen irgendwelches Wissen von künftigen Dingen geben kann. Andererseits meint Augustinus, daß Cicero in *Von der Natur der Götter* insgeheim das Gegenteil verteidigt. Er führt Ciceros Problem darauf zurück, daß er den freien Willen nicht leugnen will; denn sobald man einräumt, daß man die Zukunft wissen kann, muß man die Existenz des Schicksals zugeben, und Cicero fürchtete die Folgen dieser Lehre für die Freiheit des Willens *(De civ.Dei* V,9). Diese Konsequenz war auch Boethius klar, der ebenfalls eine Verbindung zwischen göttlichem Vorherwissen und Vernichtung der menschlichen Willensfreiheit zieht *(Consolatio* V, pr. III). Er schreibt, daß Menschen dann für Taten verdammt werden, zu denen sie durch die Notwendigkeit getrieben wurden; Gebete wären sinnlos, weil sie nichts abwenden können, das kommen muß (ibid.).

In all den Jahrzehnten, in denen Augustinus gegen die Pelagianer schrieb, rang er mit der Beziehung zwischen göttlichem Vorherwissen und menschlicher Willensfreiheit, Prädestination und dem typisch christlichen Begriff einer göttlichen Gnade, die persönlich und barmherzig ist und zu etwas befähigt, wie es das heidnische „Schicksal" nicht war.[9] Gegen Ende seines Lebens war er zunehmend überzeugt, daß Gott diejenigen vorherbestimmt, die er retten wird, und daß der freie Wille des Menschen durch den Sündenfall so verkrüppelt wurde, daß wir zwar weiterhin Böses wollen können, aber nicht ohne direktes Eingreifen Gottes in Form der wirksamen Gnade Gutes wollen können.

Gottschalk von Orbais griff die Frage im 9. Jahrhundert wieder auf und beschwor damit eine Kontroverse herauf. Er behauptete, wenn Gott einige zum Guten vorherbestimme, müsse er auch das Schicksal derer bestimmen, die zur Hölle fahren sollen. Augustinus war vor dieser Lehre der doppelten Prädestination zurückgewichen, weil er meinte, daß Gott durch sie zum Urheber des Bösen würde. Durch seine Lehre, daß unsere Übeltaten unsere eigene Schuld sind, unsere guten Taten aber nur durch Gnade ermöglicht werden, ließ Augustinus die Schuld der Bösen bei ihnen selbst. Eriugena hielt Gottschalks Meinung in *De divina praedestinatione*[10] entgegen, daß weder Gottes Vorherwissen noch eine Vorherbestimmung den Menschen zwingen. Unsere Sünden sind unsere eigene Schuld. Die Willensfreiheit ist ein gutes Geschenk von Gott, obwohl sie mißbraucht werden kann (V–VII). Am Ende seiner Schrift widmet er denjenigen Bibeltexten viel Raum, die auszusagen scheinen, daß Gott Sünde oder Tod vorherweiß oder vorherbestimmt. Eriugena schöpft aus der rhetorischen Tradition – ermutigt von Augustinus in *De doctrina christiana* –, um zu zeigen, daß Aussagen manchmal das Gegenteil von dem meinen, was sie zu meinen scheinen (IX–Xff.). Bleiben Eriugena noch die Aufgaben, zu erklären, wie ein Mensch seinen eigenen Fall herbeiführen kann, ohne daß ein Mangel an der göttlichen Allmacht impliziert wird, und wie wir Rechenschaft ablegen sollen, warum es die Hölle gibt, wenn Gott nicht für sie verantwortlich ist.

Bei der ersten Frage schließt er sich Augustinus' Ansicht an, daß Sünde und Böses Negationen sind. Wenn der Sünder vom Guten abweicht, stürzt er sich ins Nichts. Gott ist nicht der Urheber des Nichts. Bei seiner Auslotung des Begriffes Hölle macht Eriugena einigen Gebrauch von der Vorstellung des Kosmos in der philosophischen Tradition. Es gab bereits eine Bewegung, die versuchte, einen Ort der Bestrafung im Universum zu lokalisieren. Eriugena zieht eine an Milton erinnernde Theorie vor, daß der Geist sein eigener Ort ist und sich den Ort seiner Qual selbst schafft. Sowohl die Seligen als auch die Verdammten wohnen im künftigen Leben an den erhabenen Orten des Kosmos, wo das Element Feuer zu finden ist. Während das aber für die Seligen ein Ort des Lichts und der Schönheit ist, ist es für die Bösen eine Stätte unendlichen Leidens (PL 122.436ff.). Auch hier ist ein augustinischer Einfluß unbezweifelbar, vielleicht über *De ordine,* wo ausgeführt wird, daß zur Schönheit der Ordnung ein gewisses Maß an Licht und Schatten gehört.

Wenn wir zu Anselm kommen, haben die philosophischen Betrachtungen ein anderes Gesicht erhalten. Anselm beginnt mit Augustins Annahme, daß Sünde und Böses nichts sind, aber er erreicht ein viel subtileres Gleichgewicht als alle seine Vorgänger bei dem Versuch, die Koexistenz der Willensfreiheit bei vernunftbegabten Wesen mit dem Vorherwissen, der Prädestination und der Gnade Gottes zu erklären. Als erstes schrieb er in der Reihe kurzer Schriften, die er kurz nach der Vollendung des *Monologion* für die Mönche von Bec zusammenstellte, über die Willensfreiheit. Für ihn ist der Kern des Problems die Bedeutung des Wortes „Freiheit". Weder Gott selbst noch die guten Engel sind fähig, zu sündigen, und dennoch müssen wir sie frei nennen. Beim Menschen muß Freiheit auch so sein. Deshalb kann die Fähigkeit zum Sündigen nicht zur Freiheit gehören *(De libertate arbitrii* 1). Sein Schüler in dem Dialog wendet ein, er könne nicht einsehen, warum ein Wesen, das sowohl sündigen als auch nicht sündigen kann, nicht freier ist als eines, das nicht sündigen kann. Anselm fordert ihn auf, zu bedenken, daß das Wesen, das nicht sündigen kann, tatsächlich in höherem Maße besitzt, was nützlich und angebracht ist (nämlich die Freiheit zum Guten), als ein Wesen, das verlieren kann, was es besitzt (ibid.). Dann zeigt Anselm, daß Willensfreiheit am besten als die Fähigkeit definiert wird, die *rectitudo* oder Geradheit des Willens allein um ihrer selbst willen zu bewahren. Gott hat diese Freiheit von sich aus; vernunftbegabte Geschöpfe, die zu Gottes Auserwählten zählen, haben sie von ihm.

Viel später, gegen Ende seines Lebens, kehrte Anselm zu dem Thema zurück und schrieb *De concordia* (Von der Eintracht), um die Harmonie zwischen Willensfreiheit, göttlichem Vorherwissen, Prädestination und Gnade zu beweisen. Er beginnt mit dem Gegensatz zwischen der notwendigen Zukünftigkeit dessen, was Gott vorherweiß, und der kontingenten Zukünftigkeit dessen, was aus freiem Willen getan wird. Wenn diese unvereinbar sind, kann die Wahlfreiheit nicht mit dem Vorherwissen Gottes koexistieren. Er zeigt, daß aber zwischen beiden kein deutlicher Gegensatz besteht. Man kann unterscheiden zwischen dem, was notwendig in der Zukunft geschehen muß (die Sonne wird morgen aufgehen), und dem, was tatsächlich geschehen wird, obwohl die Möglichkeit besteht, daß es nicht geschieht (morgen wird es einen Volksaufstand geben) (I.3). Weiterhin hat nicht alles, was notwendig geschieht, ein Element des Zwanges. Es ist notwendig, daß Gott unsterblich ist, aber er unterliegt keinem Zwang, unsterblich zu sein (I.2). Es ist nicht dasselbe, ob etwas zukünftig ist oder ob etwas Zukünftiges zukünftig ist (I.2). Auf diese und andere Weise eröffnet er die Diskussion des Boethius-Aristoteles über künftige kontingente Dinge neu. Seiner Ansicht nach sind zwar alle Handlungen des Willens in sich durch Gott verursacht; denn Handlungen haben Sein, und Gott ist die Quelle allen Seins; das Wollen guter Menschen und guter Engel aber ist vollkommen frei, denn es ist die höchste Schönheit ihrer Freiheit, daß sie das Gute wollen; ihr Wille muß deshalb in Harmonie mit dem sein, was Gott will, und so sind seine Taten in Freiheit die ihren. Ähnlich wendet sich der böse Wille der Gefallenen frei von Gottes Willen ab, und das macht ihr Tun böse; das Tun selbst ist nicht böse, weil Gott sein Urheber ist (I.7). So können wir sagen, daß Gottes Vorherwissen dessen, was sein wird, mit der Entscheidungsfreiheit von Menschen und Engeln vereinbar ist.

Der Beziehung zwischen Prädestination und Entscheidungsfreiheit kommt man hingegen mit Argumenten aufgrund der Abwesenheit von Zwang bei der Notwendigkeit nicht so leicht bei. Und natürlich muß Gottes Vorherwissen mit seiner Prädestination zusammenfallen. Dies jedoch gibt Anselm ein Mittel in die Hand, die Schwierigkeit zu umgehen. Gott weiß nur vorher, was, entweder frei oder notwendig, geschehen wird. Und so bestimmt er nur vorher, was auf die gleiche Weise geschehen wird. Anselm begegnet Gottschalks Argument bezüglich der scheinbaren Unvermeidbarkeit der doppelten Prädestination (und begreift die Bibelstellen ein, die sie zu implizieren scheinen), indem er erklärt, die Aussage, Gott verursache Böses, sei unzulässig (II.2,3). Die Gnade, schreibt er, hilft der freien Entscheidung für das Gute auf vielfache Weise (III.4). Sie wird nur dann vorenthalten, wenn der Wille aus freier Entscheidung die Geradheit *(rectitudo)* aufgibt, die ihm gegeben wurde, und etwas will, das er nicht wollen sollte. So ist die Gnade allen außer denen zugänglich, die sie zurückweisen. Gott kann daher gerechterweise die verdammen, die nicht im Besitz seiner Gnade sind.

In Anselms Ausführungen werden die augustinischen Parameter respektiert. Wie Augustinus nimmt Anselm die Prädestination der Auserwählten an. Aber seine Darstellung der Beziehung von Wahlfreiheit zu Vorherwissen und Prädestination, die dem allwissenden, allmächtigen Gott zugeschrieben werden müssen, ist philosophisch ausgereifter und in vielen Aspekten originell.

Die *Nikomachische Ethik* des Aristoteles, die im Jahrhundert nach Anselm im Abendland bekannt wurde, brachte eine erhebliche Erweiterung der verfügbaren Literatur zur Willensfreiheit. Aristoteles ist der Ansicht, daß der menschliche Wille zu dem neigt, was zum Wohl des Menschen ist. Die richtige Wahl ist das Ergebnis einer Beurteilung, was unter bestimmten Umständen dem eigenen Wohl dient. Die richtige Entscheidung wird sich von Person zu Person und von Situation zu Situation unterscheiden *(Ethica Nicomachea* 1112a). Diese Vorstellung, daß der Verstand die Situation einschätzt und frei entscheiden kann, hat die christlichen Theologen beeinflußt. Wilhelm von Auxerre betont zum Beispiel die Durchführbarkeit und Vernünftigkeit guter Entscheidungen, und eine Reihe anderer Autoren des 13. Jahrhunderts, zum Beispiel Hugo von St. Cher und Richard Fishacre, reflektierten über die Rolle des Verstandes gegenüber dem Willen.[11] Diese Betonung des vernünftigen Willens mußte mit Augustins Lehre harmonisiert werden, daß der menschliche Wille durch den Sündenfall geschädigt ist und darum nicht mehr ohne Hilfe der Gnade Gutes tun kann, und daß der Verstand ebenfalls geschädigt ist, so daß er nicht richtig denken kann.

Die klassischen Probleme waren noch immer aktuell. Thomas von Aquin diskutiert in einem *Quodlibet,* ob Prädestination eine Notwendigkeit auferlegt *(Quodlibet* XI.q.3.a.1). Er unterscheidet bei der Prädestination eine notwendige, göttliche Ursache und eine kontingente, vom menschlichen Willen abhängige Ursache. Dies konnten auch frühere Autoren, aber für sein Denken ist es natürlich, Prädestination auf aristotelische und teleologische Weise als *directio in finem* (Ausrichtung auf ein Ziel) zu bezeichnen. Er war sich wohl bewußt, daß diese „hochberühmte Frage" sehr komplexe Probleme aufwirft, und seine eigene Meinung änderte sich im Lauf seines Lebens. In *De veritate* (Von der Wahrheit) beschrieb er die freie Entscheidung als Akt der Beurteilung durch den Verstand; auf diese Weise versuchte er, den Vorrang des Verstandes bei der Bestimmung der Willensentscheidungen zu belegen. Johannes Quidort, Gottfried von Fontaines und andere unterstützten seine Theorie, daß der Wille dem folgen muß, was der Verstand als das Beste erkennt. Unter den Franziskanern waren jedoch einige (wie Alexander von Hales) der Ansicht, daß die Freiheit der Entscheidung sowohl den Willen als auch den Verstand leitete; andere (wie Bonaventura) zogen es vor, die Entscheidungsfreiheit als *habitus* (erworbene Eigentümlichkeit) statt als Fähigkeit der Seele anzusehen. Johannes von La Rochelle bündelte alle drei zu einer einzigen Fähigkeit aus Verstand, Willen und Entscheidungskraft.[12]

Diese Debatte trug im 14. Jahrhundert kontroverse Früchte, als der neue „Pelagianerstreit" aufbrach. Die Verfechter der „pelegianischen" Ansicht argumentierten, entweder schaue Gott fort, damit der Mensch seine Taten frei entscheiden könne, ohne daß Gott sie sieht (was seine Allmacht einschränken würde), oder er sehe voraus und lasse zu, was er selbst als kontingent, nicht notwendig erkenne. Diese letzte Aussage würde die Möglichkeit offenlassen, daß Gottes Plan für die Welt, die Vorsehung selbst, sogar das Schema der Offenbarung, anders hätte sein können oder sein könnte. Als Erwiderung schrieb Bradwardine sein *De causa dei* (Von der Ursache Gottes), ein ehrgeiziges Werk, das die ganze Auseinandersetzung in den Rahmen einer vollständigen systematischen Theologie des göttlichen Seins und der Schöpfung stellen sollte. Gott, schreibt Bradwardine, weiß alles genau, und sein Wissen ist vollständig. Es ist außerdem ewig und unwandelbar, und er weiß Vergangenes, Gegenwärtiges und Künftiges gleichermaßen. Alles, was Gott weiß, wird aktiv von ihm bewegt. Sein Wissen ist deshalb eine aktive Kraft. Nichts kann geschehen, wenn Gott es nicht will. Selbst was er „zuläßt", ist seine Tat. Auf die Frage, wie Gott dann nicht für die Sünde verantwortlich gemacht werden kann, antwortet Bradwardine, daß Sünde allein aus dem Willen von Menschen und bösen Engeln kommt, daß Gott aber in gewisser Hinsicht als ihre „negative Ursache" anzusehen ist. Er benutzt die Sünde als ein Mittel der Bestrafung, wo Strafe verdient ist, und als Ordnungsprinzip im Universum (denn das Gute ist schöner, wenn wir sein Gegenteil sehen).

All dies beruht auf einer ockhamistischen Lehre der Allmacht Gottes. Für Ockham war Gott nichts unmöglich; Gott kann im Prinzip sogar das tun, was gegen seine eigene Natur zu gehen scheint. Seine *potentia absoluta* kann sogar seine *potentia ordinata* ausschalten, d.h. die Macht, durch die er – in Bindung an die von ihm selbst verfügten Ordnungen (darum *potentia ordinata*) – bestimmte Dinge in der geschaffenen Welt bewirkt. Auch Thomas hatte sich mit diesem Punkt befaßt. In einem *Quodlibet* zu der Frage, ob Gott etwas ins Nichts zurücknehmen kann, unterscheidet er zwischen Gottes absoluter Macht (durch die er das natürlich kann) und seiner Macht, die innerhalb der von seiner Weisheit und Voraussicht vorgeschriebenen Ordnung wirkt (durch die er das nicht tut: IV.q.3.a.1). Diese Unterscheidung hat im Mittelalter eine lange Geschichte. Sie war Anselm bereits klar. Die Schlüsselfrage lautete, ob ein Gott, der so ist, wie die Christen ihn glauben, je etwas tun würde, das gegen seine Natur geht, und ob es ein Akt der Machtlosigkeit statt der Macht ist, zu tun, was nicht getan werden sollte, wie Anselm es ausdrücken würde.

e) Das Funktionieren der Welt

Die klassische Philosophie suchte zu erklären, wie die natürliche Welt „funktioniert", sowohl physikalisch als auch metaphysisch. Man konnte ein Eingreifen geistiger Mächte in böser oder guter Absicht postulieren, doch das verlagerte die Frage in den Bereich der magischen Künste. Diese lagen in der Philosophie am Rand des intellektuell Achtbaren und im christlichen Denken des Mittelalters am Rand des Orthodoxen. Das übergeordnete Ziel der Philosophen war die Erklärung der Natur und ihrer Phänomene innerhalb eines koordinierten Systems von Kräften und Tendenzen, die nach von einer höheren Macht abgeleiteten, regulierenden Prinzipien die Materie bewegten. Das christliche Denken brachte ein neues Element in die Gleichung ein: die Gnade. Gnade ist der freie Akt eines barmherzigen Gottes. Sie kann den Lauf sonst vorhersehbarer Ereignisse zum Guten ändern.

Ihre wichtigste Wirkung betrifft den menschlichen Willen: Sie kann den menschlichen Willen bewegen (oder, wie manche Denker es lieber sehen, mit ihm zusammenarbeiten), so daß die Betroffenen von ihrer Sündhaftigkeit befreit werden und „an Gnade zunehmen" können, um zu werden, wozu Gott sie bestimmt hat. Die gnadenhafte Aussetzung der Regeln, die gewöhnlich das Funktionieren der natürlichen Welt bestimmen, wird immer mit dem Ziel Gottes assoziiert, die gefallene Menschheit zu vervollkommnen. So können Wunder als Mittel aufgefaßt werden, die Menschen aufmerksam zu machen und für den Glauben zu gewinnen. Sie sind, wie Gregor der Große ausführlich in seinen *Dialogen* erklärt, eine Lernhilfe, um den menschlichen Verstand zu erleuchten. Das Leben eines Menschen, in dem die Gnade frei wirkt, kann Wunder zur Folge haben. Solche Heiligen „vollbringen Wunder" in der gesamten mittelalterlichen Tradition, und diese werden als Zeichen gesehen, daß es tatsächlich außergewöhnlich gute Männer und Frauen sind, in denen Gott seinen Willen verwirklicht hat. Es gibt Heilungen, Vermehrung von Fischen und ähnliche offensichtliche Eingriffe in den Lauf der Natur.

Von der Magie unterscheidet sich dies durch seinen ganz und gar erbaulichen Zweck und dadurch, daß es strikt nach dem Willen Gottes statt nach der Laune eines Dämons geschieht. Dennoch scheint ein Wunder gegen die Regeln zu verstoßen. Wäre das nicht der Fall, so würde es kaum Aufmerksamkeit erregen. Augustinus meinte, man sollte solche Ausnahmeereignisse nicht außerhalb der Naturgesetze sehen, sondern innerhalb eines höheren Gesetzes, das selbst letztlich das Gesetz der Natur ist. So kann die Gnade angesehen werden als die Natur nicht außer Kraft setzend, sondern sie vervollkommnend *(gratia non tollit naturam, sed perficit)*. Das erschien auch Anselm richtig, und es ermöglicht den philosophischen Kniff, Wunder als in gewissem Sinne „natürlich" darzustellen, so daß Gott nicht seine eigenen Gesetze brechen muß, damit Gnade wirksam wird.

Doch selbst abgesehen von Wundern und der Intervention der Gnade gab das Studium der geschaffenen Welt und ihres mechanischen Funktionierens christlichen Denkern eine Reihe von Rätseln auf, die sie von den Philosophen erbten. In der antiken Philosophie gibt es viele Versuche, natürliche Phänomene zu erklären, sowohl im Zusammenhang mit ersten Prinzipien als auch mit Zweck und letzter Bestimmung. So sind alle möglichen Aspekte des Handelns Gottes oder der Götter relevant für die Physik.

Die Platoniker dachten jedoch anders als die Stoiker über den Wirklichkeitsgrad von Dingen, die nicht sinnlich wahrnehmbar sind; die Stoiker meinten generell, daß Wirklichkeit immer eine Art stofflicher Verkörperung eignet. Breite Übereinstimmung gab es hingegen in der Scheidung zwischen der sinnenfälligen und der „intelligiblen" Ordnung. Sie ging in die christliche Tradition ein (und wurde auch von Philo akzeptiert).

Schwierig blieb die Frage nach der Grenze zwischen der Wissenschaft von der sinnenfälligen Welt, deren Mechanismen mit Hilfe der Sinne studiert werden konnten, und der Wissenschaft der *intelligibilia* – der Dinge, die nur für den Intellekt faßbar waren. Die Platoniker neigten dazu, „Gott" von „allem Geschaffenen" zu unterscheiden. Doch man konnte nicht nur Gott, sondern auch sein Handeln an der Welt, die er geschaffen hatte, als Gegenstand der höheren Wissenschaft ansehen (d.h. Fragen wie Vorsehung, Schicksal, freier Wille). Oder man konnte Gott selbst, Engel und menschliche Seelen (außer den verdorbenen) als ihren Gegenstand ansehen. In der christlichen Tradition wurde es allgemein üblich, in den Bereich „oberhalb" der Physik Gott und seine geistigen Geschöpfe, Engel und menschliche Seelen einzuschließen; der Rest war das Feld der Naturwissenschaft oder *physica.* Es gab jedoch immer Überschneidungen und sogar ständigen Austausch zwischen den beiden Bereichen der Wissenschaft.

Boethius war wichtig für das Mittelalter als Autorität zur Definition der Physik. Er unterscheidet Naturwissenschaft *(physica)* von Mathematik *(mathematica)* und Theologie *(theologia);* das Reich der Physik seien Form und Stoff von Körpern und ihre Bewegung *(De trinitate* II). Unter „Bewegung" *(motus)* versteht er die Natur, die ihr Verhalten bestimmt. Die Erde tendiert zum Beispiel nach unten, Feuer nach oben (ibid.).

Die Physik kam für Theologen des mittelalterlichen Abendlandes ins Spiel, wenn es um die geschaffene Welt und ihre Erhaltung im Sein durch den Schöpfer ging. Hier sind die Prinzipien Ordnung, Harmonie und Hierarchie zentral. Eriugena entwickelt sie und schließt dabei viele andere Elemente der philosophischen Systeme ein, aus denen er schöpft – aber so, daß man die natürliche „bewegte Welt" in Beziehung zu ihrem Schöpfer sehen kann.[13] Beda behandelt die Frage auf schlichtere Weise. Gott lenkt die Welt, die er aus nichts gemacht hat. Die Welt ist *universitas omnis* und besteht aus Himmel und Erde, die die vier Elemente in Kugelform *(globata)* zusammenhalten. Er beschreibt die Struktur des Kosmos, die Bewegung der Planeten, die Tierkreiszeichen, Kometen, Winde, Wetter, Gezeiten und andere Themen dieser Art mit Hilfe von Plinius und Seneca *(De natura rerum,* PL 90.197ff.). Die Zahl und Anordnung der Himmel lieferte den Karolingern Material für weitere Diskussionen, und wir finden auch Besprechungen der Lage der Hölle, die besonders Macrobius verpflichtet sind.[14]

Doch erst im 12. Jahrhundert wurde ein größerer Komplex neuer philosophischer Schwierigkeiten aktuell. Petrus Lombardus schreibt in seinen *Sentenzen* über die natürliche Welt und die Struktur des Kosmos (II, dist. 14). In seiner *Cosmographia* beschreibt Bernardus Silvestris das Funktionieren des Universums in Begriffen, die sowohl der Stoa als auch dem Neoplatonismus viel verdanken. Hitze und Licht, sagt er, sind die Antriebskräfte aller Zeugungsprozesse. Das Licht, das Gottes Weisheit ist, strahlt von ihm auf die Welt aus, und die Gesetze, die der Schöpfer der Natur gegeben hat, lenken das Verhalten von Feuer und Bewegung. Hier ist Feuer gleichzeitig ein Element und eine Kraft, wie für die Stoa. Bernardus folgt dem *Asclepius* darin, daß er *ousia* (Sein, Wesen) als Synonym für *hyle* (Stoff, Materie) auffaßt. Daraus folgt eine gewisse Unsicherheit darüber, ob man sagen kann, die Schöpfung sei das Zusammenwirken des Einen mit der Materie oder des Einen mit dem Sein. Doch die Elision der beiden macht es möglich, die Schöpfungstätigkeit Gottes, Materie und Ordnung in ständiger Interaktion zu sehen, so daß der Schöpfungsakt ständig wiederholt wird, durch das Universum und durch die Zeit. Das Vergehen der Zeit selbst ist von einer Ordnung reguliert, und die Zeit wiederum reguliert die Prozesse im Kosmos. Gott ist die belebende Gegenwart in Bernardus' *cosmos* und macht die Welt wahrnehmungsfähig.

Als Ptolemäus' Werk *Almagest*, Aristoteles' *De caelo* und Averroes' Kommentar über dieses Buch bekannt wurden, komplizierten sich die Dinge. Ptolemäus beschreibt Epizyklen und exzentrische Umlaufbahnen. Aristoteles hat homozentrische Sphären, weil er meint, daß selbstevidente erste Prinzipien eine solche Struktur des Universums erfordern. Thomas kommentiert bezeichnenderweise, selbst wenn Ptolemäus besser zu den experimentell verifizierbaren Tatsachen paßt, bedeutet das nicht, daß er recht hat. Aristoteles' erste Prinzipien sind zwingender.[15]

Der *Timaios* sieht eine Analogie zwischen Struktur und Funktion des Kosmos sowie Natur und Verhalten des Menschen. Die Idee des Makrokosmos mit Entsprechungen im Mikrokosmos ist auch im *Asclepius* zu finden (4–8, ed. P. Thomas, Leipzig 1908, S. 39–43). Zwar kommt das Bild bei Eriugena und nach ihm bei einem oder zwei Karolingern vor, doch im frühen Mittelalter wurde es nicht häufig verwendet. Es wurde erst im 12. Jahrhundert populär, als seine Verbindungen zu den Ideen von Harmonie im Universum, seine Implikationen für die Existenz einer Hierarchie alles Seienden und vor allem seine Annahme, der Mensch sei Zentrum und Zweck des Universums, phantasievoll genutzt wurden.[16] Auch die arabische Gelehrsamkeit übte hier einen Einfluß aus. Al-Kindis *De radiis*[17] spricht in der lateinischen Übersetzung von dem Menschen als *minor mundus,* als „kleinerer Welt", und Bonaventura greift den Ausdruck in seinem *Itinerarium mentis in deum* (Pilgerweg der Seele zu Gott) auf.[18] Das Studium der natürlichen Welt konnte auf dieser Basis als Notwendigkeit für das Studium des Menschen angesehen werden, und der Mensch als Zentrum und Daseinsgrund des Universums.

Dem Mikrokosmos, den der Mensch durch Beobachten und Vergleichen in sich entdeckt, wurde im Mittelalter ein belehrender Zweck zugeschrieben. Der Mensch soll aus ihm lernen, wie das Universum ist und ihn so zu einem besseren Verständnis für den Schöpfer des Universums führen. Bonaventura vergleicht die fünf Sinne des Menschen mit fünf Toren. Durch sie geht ein Wissen über Dinge in der sinnenfälligen Welt in seine Seele ein.[19] Durch Nachdenken über das, was er erfährt, sieht er die zugrundeliegenden Gesetze. Alle Dinge sind auf ihre eigene Weise schön und köstlich. Schönheit und Köstlichkeit sind unmöglich ohne Proportion; Proportion aber hängt von Zahlen ab. So muß alles „von Zahl erfüllt" sein *(numerosa).* Die Zahl ist deshalb ein *exemplar* (Bild) des Schöpfers.[20] Ähnlich können göttliche Macht, Weisheit, Gutheit, Größe, Schönheit, Fülle und Ordnung aufgefaßt werden.[21] Natürlich war dieser Gedanke nichts Neues, aber nach der Erforschung des Themas „Mikrokosmos" im 12. Jahrhundert griffen die Autoren des 13. Jahrhunderts es von neuem auf. Robert Kilwardby bespricht zum Beispiel das „Bild" und die „Spur" der Trinität, die in der Schöpfung zu finden sind, anders als Augustinus in *De trinitate.* Zuerst fragt er nach der „Wißbarkeit" *(cognoscibilitas)* solcher Spuren. Kann ein Geschöpf sie überhaupt erkennen? Was ist in einem Geschöpf, das zu einer Erkenntnis des Göttlichen kommen könnte, und wie könnte sie vor sich gehen? Er verweist auf die Analogie als Grundlage, die sie ermöglichen kann, denn die Analogie liegt der Idee von Mikrokosmos und Makrokosmos zugrunde.

Anmerkungen

1 Thomas von Aquin, *Quodlibet* V.q.2.a.1. Alain von Lille, *Summa Quoniam homines,* 86, S. 230f.
2 *Quodlibeta* (Louvain 1546), S. 4.
3 Vgl. Alain von Lille, *Summa Quoniam homines* 85, S. 230 und Thomas, *Quodlibet* V.q.2.a.2.
4 S. Runciman, *The Medieval Manichee*, Cambridge (1947) 1955, bespricht, ob sich von der Spätantike bis zu den mittelalterlichen häretischen Sekten eine Kontinuität nachweisen läßt.
5 Vgl. F. Châtillon, „Regio dissimilitudinis" in *Mélanges F. Podechard,* Lyon 1945, S. 99; A.E. Taylor, „Regio dissimilitudinis", AHDLMA 1934, S. 305f., und P. Courcelle, „Tradition néo-platonicienne et traditions chrétiennes de la ‚région de dissemblance' (Plato, Politique 273d)", AHDLMA 1957, S. 5–33.
6 Abälard verfolgte dies ein wenig weiter. Vgl. *Pietro Abelardo, scriti di logica,* ed. M. dal Pra, Rom – Mailand 1969, S. 103 et al.
7 *Summa Quoniam homines* 106, S. 241.
8 Vgl. auch CHLMP, S. 367ff.
9 Zusammenfassung bei H. Chadwick, *Augustine,* Oxford 1986; deutsch Göttingen 1987.
10 Ed. G. Madec, CCCM 1978.
11 Diese Autoren werden besprochen bei O. Lottin, *Psychologie et morale au XIIe et XIIIe siècle,* Gembloux [2]1957, I, S. 67ff.
12 Lottin, op. cit. V, S. 29–34.
13 H. Dondaine, „Les ‚Expositiones super Ierarchiam Caelestem' de Jean Scot Erigène", AHDLMA 1950, 245–302.
14 *In Somnium Scipionis* I.10.7–16.
15 Thomas von Aquin, *In Libros Aristotelis de Caelo et Mundo Expositio, Opera Omnia.* Vatikanstadt 1889, 3, 186ff., II Lect. 17; vgl. auch *Summa Theologiae* I.q.32.a.1.
16 Vgl. P. Delhaye, *Le Microcosmos de Geodefroy de S. Victor,* Lille-Gembloux 1951, S. 137–177.
17 Al-Kindi, *De Radiis,* ed. M.T. d'Alveruy – F. Hzedry, AHDLMA 1974, S. 255.
18 Bonaventura, *Itinerarium Mentis in Deum,* ed. W. Hover, München 1970, II.2.
19 Ibid.
20 Ibid., II.10.
21 Ibid., I.2,14.

VI. Der Mensch

1. Die Seele

Gen. 2,7 beschreibt, wie Gott Adam Leben einhauchte. Das stimmte mit dem Konsens der antiken Philosophen überein, daß die Seele das belebende Prinzip der Lebewesen ist. Für Augustinus war die Seele noch mehr. Im Menschen ist die Seele nicht nur belebendes Prinzip (sogar Pflanzen haben Leben). Sie ist mehr als die Fähigkeit der Sinneswahrnehmung (die auch Tiere haben: *Bekenntnisse* X.7; vgl. auch Boethius und Porphyrius zu diesem Punkt). Sie ist das eigentliche Selbst des Menschen, das „Ich", sagt Augustinus, „verbunden mit meinem Körper, und durch sie fülle ich seine Hülle mit Leben" (ibid.).

Er verschmilzt hier zwei philosophische Systeme. Aristoteles sagt, die Seele sei die Form eines natürlichen Körpers, der das Potential zum Leben hat *(De anima* II.412a–413a). Sein Hauptaugenmerk galt dem, was wir die „Maschinerie" nennen könnten. Die Platoniker waren mehr daran interessiert, die Beziehung zwischen der vernünftigen, nach oben strebenden Seele und dem nach unten ziehenden Körper zu verstehen, dem sie Leben gibt, dem sie aber zu entfliehen wünscht, so daß ein Mensch immer zwischen dem Tier und dem Gott in sich hin- und hergerissen ist. Das wahre Selbst des Menschen sollte über der Ebene des Tieres und der Pflanze stehen.[1] Für Augustinus als Christen gibt es hier einen Komplex weiterer Konnotationen, aber er integriert diese beiden Ansätze in den seinen.

Sein Hauptproblem war zunächst jedoch philosophisch. Er fand es schwer verständlich, daß die Seele selbst etwas anderes als ein Körper sein konnte. Er beschreibt in den *Bekenntnissen,* wie schwer es ihm fiel, auch nur den Begriff des Unkörperlichen zu verstehen (III.vii.12 und IV.xv.24). Selbst in *De Genesi ad litteram* neigt er noch zu der Ansicht, daß sie „eine Art Substanz" ist (VII.vi.10–11). Unter den früheren westlichen Kirchenvätern dachten auch Tertullian und Hilarius auf diese Weise von der Seele, die Augustinus selbst jedoch nicht für richtig hielt. Faustus von Riez verfolgte in der nächsten Generation den gleichen Gedankengang, und Claudius Mamertus versuchte ihm in *De statu animae* (um 467–472) mit dem Argument zu begegnen, daß die Seele nicht körperlich sein kann, weil sie unsichtbar ist und keine Quantität hat; außerdem sind wir in unserer Seele Gottes Abbild, und Gott hat keinen Körper; deshalb kann die Seele nichts Körperliches sein. Cassiodor behandelte die Frage in *De anima* und Gregor der Große in Buch IV seiner *Dialoge,* wo er, wie vor ihm die Stoiker, darauf hinweist, daß man die Seele nicht sieht, wenn sie den Körper verläßt; man würde sie aber sehen, wenn sie selbst ein Körper wäre. Der Karolinger Hinkmar von Reims griff die Frage wieder auf. Sie verschwand selbst im 13. Jahrhundert nicht, obwohl die Fragen immer komplexer wurden. Thomas bespricht in einem seiner *Quodlibeta,* ob die Seele nicht eine gewisse „Körperlichkeit" habe.[2] Es kommen Fragen auf wie zum Beispiel, ob die Seele das Höllenfeuer „körperlich" fühlt, so wie man eine Verbrennung am Körper spüren würde (Thomas sagt Nein, aber sie kann das Feuer als Instrument der rächenden Gerechtigkeit Gottes „fühlen").[3]

Der Hintergrund ist hier das klassische philosophische Problem der Möglichkeit einer Beziehung zwischen Geistigem und Stofflichem. Wegen dieses Problems glaubten viele Philosophen der Antike eher nicht daran, daß das unwandelbare, höchste Wesen irgend etwas mit einer Schöpfung zu tun haben könnte, die über alle am wenigsten geachteten Attribute des Stofflich-Körperlichen verfügte: die Möglichkeit von Wandel und Vergehen, die Tendenz, an jedem Punkt vom Höchsten abzufallen. Eine Miniaturform dieses Problems ist, wie die Seele in funktionierender Beziehung zum Körper bleiben soll, wenn sie nicht selbst irgendwie „körperlich" ist.

Natürlich sollte jede Beziehung zwischen Leib und Seele die Seele zur Herrin des Leibes machen. Von Platons Ansicht, daß das Geistige in sich höher und feiner ist als das Körperliche, war auch die christliche Tradition durchdrungen. Das hermetische Denken (vgl. S. 37) betonte, daß ein Mensch, der seine geistige Natur kultiviert, gottähnlicher wird, während einer, der wie ein Tier lebt, in einen geringeren, „körperlichen" Zustand absackt. Die Seele sollte sich den Leib untertan machen (und hier würde ein christlicher Theologe natürlich an Paulus denken). Sie sollte sich, wie Wilhelm von Auvergne es in *De anima* ausdrückt, verhalten wie der König eines Reiches: die niederen Kräfte ihrer körperlichen Natur unter Kontrolle halten und den Verstand zum Berater des Königs machen, die anderen Kräfte seinen Anweisungen und seinem Willen unterwerfen und die Sinne zu Inspektoren machen, die umherreisen und ihrem König treu berichten, was sie sehen.[4]

Es erhoben sich verschiedene, mehr oder minder mechanische Fragen. In *De quantitate animi* hatte Augustinus etliche Fragen gestellt, die auch Plotin interessiert hatten, z.B. ob die Seele den Körper ausfüllt, gleichsam bis in die Fingerspitzen. Wenn ja, was geschieht, wenn ein Glied amputiert wird? Ist dann auch ein Teil der Seele verloren? Oder enthält der restliche Leib noch immer die ganze Seele? Gilbert von Poitiers fragte, noch bevor Aristoteles' *Libri naturales* in die westlichen Schulsäle gelangten: Ist die Beziehung zwischen Seele und Leib wie die zwischen Form und Stoff? Vom 13. Jahrhundert an kamen weitere, detaillierte Fragen in der Physik auf. So ringt Thomas mit der Frage, was das Herz bewegt. Es ist nicht leicht, zu sehen, wie die Seele das tun soll, denn in ihrer nährenden Funktion erzeugt, verdaut, wächst und schrumpft diese nur, und in ihrer sensitiven und intellektiven Funktion, die Tiere und Menschen gleichermaßen haben, bewegt sie durch Verlangen, während die Herzbewegung *(motus cordis)* unwillkürlich ist. Solche interessanten Untersuchungen nahmen in den Schulen des 13. Jahrhunderts stark zu, als es üblich wurde, Studenten als erstes Buch aristotelischer Wissenschaft des Aristoteles *De anima* vorzustellen.

Selbst wenn die Frage der inneren Unvereinbarkeit von Leib und Seele lösbar ist, stößt man sofort auf die umgekehrte Schwierigkeit: Wenn es scheint, daß der Mensch sowohl Leib als auch Seele ist, kann die Seele dann im Tod zeitweilig vom Körper getrennt werden, ohne daß die Fülle des menschlichen Wesens zerstört wird? Diese Frage war wichtig für christliche Denker wegen der Lehre von der Auferstehung des Leibes, die bei Paulus und in frühen Glaubensbekenntnissen steht. Mittelalterliche Theologen glaubten allgemein, daß der Mensch im Tod von seinem Körper getrennt, doch beim Jüngsten Gericht wieder mit ihm vereint wird und erst dann voll in die Seligkeit des Himmels eingehen kann. Dieser Glaube führte zu einer Vielzahl von Fragen darüber, was in der Zeit nach dem Tod und vor der Auferstehung des Leibes mit der Seele geschieht[5] – ob die Person während dieser Zeit wahrhaft sie selbst sein und wie die abgetrennte Seele wahrnehmen kann, was um sie herum geschieht, wenn sie keine körperlichen Sinne hat. Hinzu kam die Frage nach der Form, die der auferstandene Leib annehmen würde. Origenes glaubte nicht, daß sie sphärisch sein würde, wie einige sagten, und diese Ansicht wurde auch 553 vom Konzil von Konstantinopel verurteilt.[6] Im Mittelalter wurden in diesem Bereich jedoch zunehmend komplexe Fragen bearbeitet. Ägidius von Rom fragt zum Beispiel in Anlehnung an Aristoteles, ob der *intellectus agens* (wirkliche [tätige] Intellekt) in der Seele bleiben kann, wenn sie vom Körper getrennt wird.

Was speziell den Ursprung der Seele betrifft, so glaubten die Pythagoreer, daß die menschliche Seele eine Art göttlicher Funke sei, ein Fragment von himmlischer Herkunft, eingebettet in Materie. Augustinus verurteilt diese Ansicht ausdrücklich in *De Genesi ad litteram* (VII.2.3 und 5.7). In christlichen Augen hatte sie den Nachteil, zu implizieren, daß Gott letztlich nicht von seinen Geschöpfen getrennt und unterschieden ist, und mit einigen Formen der Theorie von der Weltseele verwandt zu sein. Die gnostische und später die manichäische Tradition griff die Idee auf, mit der Abwandlung, daß der göttliche Funke ein gefallenes Geistwesen ist, das als Strafe für eine Sünde im Körper gefangen ist und den Auftrag hat, sich zu befreien und zu seinem eigentlichen, rein geistigen Zustand zurückzukehren. Hier stießen die christlichen Denker wiederum auf etwas, das sie nicht akzeptieren konnten, weil es nicht mit der Überzeugung vereinbar war, daß ein menschliches Wesen geschaffen ist, damit es beides sei: Körper- und Geistkreatur. Der in Gefangenschaft geratene göttliche Funke verdankt konzeptionell einiges der platonischen Seelenwanderungslehre. Und dies war gleichfalls für Christen unannehmbar, weil es mit der Voraussetzung kollidierte, daß jeder Mensch ein einziges Leben auf Erden hat, das sein ewiges Schicksal bestimmt. Trotz der Einwände gegen diese beiden Hypothesen, die nach und nach deutlich wurden, probierten einige patristische Autoren vor Augustinus sie aus. Insgesamt wichen sie aber nach dem 4. Jahrhundert in den christlichen Schriften einer festeren christlichen Gemeinüberzeugung, daß die Seele jedes Menschen einzig ihm zugehört, daß sie einmal in einem Körper auf Erden lebt und mit ihm an Ende der Zeit wieder vereint wird, daß sie eine geistige Substanz und unsterblich ist.

Trotzdem wurde die Frage nach der Herkunft der Seele von den christlichen Theologen des Mittelalters nie ganz gelöst. Augustinus und seine Nachfolger klärten nie, ob jede Seele neu geschaffen wurde, wenn ein Kind empfangen wurde, oder ob die Seele irgendwie mit dem Körper gezeugt wurde. Beda reflektiert das Problem in *De natura rerum* (PL 90.190f.), und karolingische Kommentatoren wußten, daß weder Augustinus noch Hieronymus etwas Maßgebliches gesagt hatten.[7] Das Fehlen einer augustinischen Führung in diesem Punkt war schon früh von Bedeutung. Cassiodorus sagt, es sei Augustins Meinung, daß nicht feststellbar ist, ob der Schöpfer neue Seelen für neue Körper erschaffe oder ob die Seele zusammen mit dem Körper im natürlichen Prozeß von Zeugung und Schwangerschaft entstehe *(De anima* VII: PL 70.1292). Alkuin hält es für das Beste, nicht nur diese, sondern viele andere Fragen im Zusammenhang mit der Seele als Mysterium zu belassen, das nur Gott bekannt ist, denn christliche wie heidnische Denker haben es nicht vermocht, sie zu klären (PL 101.645). Augustinus konsultierte Hieronymus, schreibt Alkuin, und keiner konnte die Frage lösen, so daß künftige

Generationen wüßten, was sie denken sollen (ibid.). Der karolingische Enzyklopädist Hrabanus Maurus betont, Augustinus habe recht daran getan zu sagen, daß er sich nicht sicher war (PL 110.1112).

Die Schwierigkeit, sich zwischen einer „traduzianistischen“ und einer „kreatianistischen“, einer Übertragungs- und einer Schöpfungstheorie zu entscheiden, liegt laut Gregor dem Großen darin, daß es schwer einzusehen ist, warum die Seele nicht mit dem Körper stirbt, wenn sie mit dem Körper gezeugt wird. Wird sie jedoch für jedes Kind neu geschaffen, warum ist sie dann mit Erbsünde befleckt? *(Epistolae,* MGH Epist. II.147.13., [IX.147], an Secondinus, Mai 599.)

Den vielleicht gehaltvollsten Versuch, das augustinische Dilemma zu lösen, unternahm Anselm von Canterbury. Er konnte die geplante Untersuchung nicht mehr zuendeführen; auf dem Sterbebett sagte er wehmütig, er hätte gern lang genug gelebt, um das Problem um den Ursprung der Seele zu lösen, denn er wisse nicht, wer dazu imstande sei, wenn *er* (Anselm) tot sei. Doch er hatte schon einiges zu dem Thema veröffentlicht. Beim Schreiben von *Cur deus homo* hatte er das Problem ausgeklammert, wie Gott nicht ein Mensch, sondern ein sündenloser Mensch werden konnte, wenn doch die ganze Menschheit von Sünde befleckt war. Er kam in einer eigenen Schrift mit dem Titel *De conceptu virginali* (Über die jungfräuliche Empfängnis) darauf zurück. Er fand, die Frage nach dem Ursprung der Seele müsse von der Lösung des Problems der Weitergabe der Erbsünde abhängen (S II.140.5). Wie Anselm es sieht, kann der Ursprung der Sünde nicht in der menschlichen Natur liegen; denn Adam und Eva waren zuerst ohne Sünde (S II.140.12–14). Die Ursprungssünde ist daher jedem Menschen „ursprünglich“, d.h. sie entsteht in jedem Menschen. Anselm unterscheidet hier zwischen der *natura,* die alle Menschen gemeinsam haben, und der *persona,* die individuiert. Beim Individuum kann „Erbsünde“ (genauer: Ursprungssünde, *peccatum originis)*, obwohl sie seine menschliche Natur befleckt, nur vorhanden sein, wenn es eine menschliche Person ist (S II.140.24–26), d.h., wenn es ein Individuum ist. Anselm will die körperliche Empfängnis eines Kindes vom Hinzukommen der Geistseele trennen. Wir wissen aus der Schrift, sagt er, daß „Erbsünde“ nicht vom Augenblick der Empfängnis an vorhanden ist (S II.148.10–16). Als die Jungfrau empfing, war keine Sünde im Körper ihres Kindes. In Jesus vereinte die individuierende *persona* von Anfang an die göttliche und die menschliche Natur, und so konnte die Vernunftseele in ihm nicht die Quelle der „Erbsünde“ sein. Beim gewöhnlichen Menschen ist es immer der Fall (eventuell mit Ausnahme der seligen Jungfrau), daß sich mit der Entwicklung des Fötus ein Plan umsetzt; d.h., wenn der neue Mensch mit dem Hinzukommen der Geistseele eine Person wird, wird er mit der Erbsünde befleckt sein (S II.149.1–5).

Anselms Leistung besteht hier in einer Erklärung, die es unnötig macht, entweder zu postulieren, die Seele werde zusammen mit dem Körper gezeugt, oder sie werde neu geschaffen. Die Frage wurde im späteren Mittelalter wiederholt aufgegriffen. Eine Serie von Fragen über die Seele – möglicherweise von Matthäus von Aquasparta († 1302) verfaßt – untersucht eigens, ob die „intellektive Seele“ gezeugt oder geschaffen wird. Er zitiert Aristoteles, Porphyrius und Pseudo-Dionysius zugunsten der Zeugung. Der Autor selbst neigt dazu, der kreatianistischen Ansicht rechtzugeben.

Anmerkungen

1 Wilhelm von Auxerre, *Summa Aurea,* IV.547.
2 *Quodlibet* III.q.8.a.1.
3 *Quodlibet* I.q.7.a.1.
4 A. Moody, *Studies in Mediaeval Philosophy, Science and Logic,* Berkeley – Los Angeles 1975, S. 1–110; h ier: 40.
5 *Quodlibet* III.q.9.a.1.
6 H. Chadwick, Origen, Celsus, and the resurrection of the body, in *Harvard Theological Review* 41, 1948, S. 83–102: hier: 94ff.
7 Pseudo-Byrhtferth über Bedas *De natura Deorum,* PL 90.190f.

Der hermetische Traktat *Asclepius* beschreibt den Menschen als mit einer Natur ausgestattet mitten zwischen Gott und Tier, weil er ein körperliches ebenso wie ein geistiges Geschöpf ist. Wir haben uns schon mit jener hermetischen Tradition befaßt, daß der Mensch, der sich von seiner niederen Natur leiten läßt, einem Tier ähnlicher wird. Kultiviert er seine Seele, so wird er gottähnlicher. Dies ist eine vergröbernde Darstellung einer im späten Platonismus weitverbreiteten Auffassung, daß die menschliche Bestimmung ein ständiger Kampf zwischen erniedrigendem Materialismus und erhebender Vergeistigung ist, der hauptsächlich intellektuell verstanden wird. Davon gibt es Spuren bei Augustinus; mit dem berühmten Ausdruck *deificari in otio* (in Muße vergöttlicht werden) beschreibt er den Aufstieg der Seele zu Gott durch Muße, verbracht in philosophischer Betrachtung. Für das christliche Denken liegt hier ein grundsätzliches Problem. Der heidnische Philosoph hat keine Schwierigkeit mit der Idee, daß ein Mensch auf diese Weise ein Gott werden kann; er wird allerdings haltmachen, wenn davon geredet wird, daß ein Mensch die Höhen eines göttlichen, „über alle Wesen erhabenen Wesens" erreicht. Der Christ kann nur davon sprechen, daß ein Mensch wieder wird, als was er geschaffen wurde: Bild und Gleichnis Gottes (Gen. 1,26). Der Mensch kann nicht Gott werden.

Hier ist jedoch ein Ausgangspunkt für eine mystische Tradition im Mittelalter gegeben, die sich das Einswerden mit Gott zum Ziel setzt, wie Bernhard von Clairvaux es beschreibt und wie es viele Mystiker im späteren Mittelalter erlebten. Ein solches Einswerden ist in der Regel nur ein Augenblick. Es wird als Vorgeschmack des Himmels verstanden, wenn der Gott Liebende für immer in der Seligkeit der Betrachtung mit ihm eins wird.

Von Augustinus an wird „Gottähnlichwerden" in dieser Weise als intellektuelle Seligkeit verstanden, eine Vollkommenheit gegenseitigen Verstehens. Eine einzigartige Ausnahme ist Anselm, der meint, daß im Himmel Raum für viele vertraute körperliche und seelische Freuden sein wird. Typischer ist Ailred von Rievaulx; in seiner Schrift über geistige Freundschaft gibt es ein Bild von gegenseitigem Verstehen zwischen Christen in diesem Leben, bei dem auch Christus immer anwesend ist. Solche Vorstellungen vom Himmel und seinen Erstlingsfrüchten auf Erden hängen von Platos Ideal eines verklärten Verstandes ab, der deutlich sein Vorbild, den höchsten Verstand, schaut und rein intellektuelle Freuden genießen kann, unbefleckt durch die drängenden Forderungen des Fleisches.

Pseudo-Dionysius arbeitete die Implikationen dieser Lehre von einer Rückkehr zu Gott durch einen geläuterten Intellekt recht detailliert aus, und sein Denken war für etliche mittelalterliche Annahmen hierüber eine wichtige Quelle. Er sah die ganze hierarchische Struktur des Universums als eine Leiter, die der menschlichen Seele bei ihrem geistigen Aufstieg helfen soll. Der Prozeß der Vervollkommnung erfordert, daß die Seele Stufe für Stufe emporsteigt; es kann keinen direkten Aufstieg geben. Die Stufen herunter strömt der Einfluß des Göttlichen, das selbst die Ursache von Ordnung, Wissen und Tätigkeit ist, aus denen die Hierarchie besteht. Die Stufen hinauf klettert die Seele; sie gewinnt immer mehr Erleuchtung, während sie geläutert wird und Gott näherkommt; sie kann den Weg nur beginnen, weil Gott herunterkommt, um ihr zu begegnen und ihr den Weg zu zeigen.

Dieses Modell fand vielerlei Verwendungen. Es schien zum Bild der Jakobsleiter zu passen (Gen. 28,12), das in mittelalterlichen Schriften zur Spiritualität immer beliebt war, und war deshalb leicht für christliche Zwecke zu gebrauchen. Pseudo-Dionysius selbst erklärt anhand dieses Bildes, warum es drei Ordnungen geweihter Geistlicher gibt. Diakone sind verantwortlich für die Läuterung, Priester für die Erleuchtung und Bischöfe für die Vervollkommnung der ihnen anvertrauten Seelen. Bernhard von Clairvaux schrieb (auch in Anlehnung an Benedikt) über die Stufen des Stolzes und der Demut, die die Seele auf ihrem Weg zum Himmel hinab- und hinaufsteigt. Alain von Lille nimmt das Bild als Grundlage einer Kritik an den tierisch Denkenden, die das Studium der Theologie auf ihr eigenes Niveau herunterziehen. Ihre intellektuelle Tiernatur macht sie praktisch unfähig, ein Theaterstück zu verstehen, und sie tun so, als verstünden sie die Debatten der Engel und sogar die Gespräche Gottes.

Alain von Lille berührt dieses Thema auch in seinen *Regulae theologiae.* Regeln V und VI behandeln die Frage von Anfang und Ende in Beziehung zur Gottheit. Gott ist als Monade der Anfang aller Dinge, denn alle Dinge streben dem Einen als ihrem letzten Ziel zu (V). Jedes Geschöpf hat einen Anfang und ein Ende; deswegen kann es vergehen, sogar die Engel. Während aber alles Geschaffene an seinem Anfang gut ist, weil Gott es geschaffen hat, sind nur vernunftbegabte Geschöpfe an Anfang *und* Ende gut, weil das vernunftbegabte Geschöpf nicht nur zu Gott hinstrebt, sondern ihn anbetet und liebt (VI).

Für den Christen hängt die Rückkehr zu Gott jedoch vom Werk Christi ab. Hier hatte die Philosophie in den frühchristlichen Jahrhunderten eine wichtige, wenn auch oft unbequeme Rolle. Die Idee, daß Gott Mensch werden und in diese Welt kommen könnte, um Sünder zu retten, war für den Platonismus ganz fremd, sogar abstoßend. Doch die philosophischen Traditionen hatten zu der Debatte über die Möglichkeit der Inkarnation einiges beizutragen. Besonders Boethius nutzte sie in *Contra Eutychen,* wo er mit „Mischen", „Verbinden" usw. alle Optionen auslotet, die er sehen kann, um eine solide philosophische Grundlage für die chalkedonische Lehre zu liefern, daß Christus eine Person in zwei Naturen war.

Abälard betont im 12. Jahrhundert den Nutzen der philosophischen Begriffe vom *Logos* als Weisheit *(sapientia, sophia),* Licht *(lumen)* und Geist *(mens).* Damit brachte er sich in Schwierigkeiten, denn er schien Gefahr zu laufen, in alte Häresien zu fallen und bei den göttlichen Attributen zu unterscheiden zwischen solchen, die Gott als Einem gemeinsam sind und solchen, die den göttlichen Personen individuell zukommen (vgl. etwa CCCM, XII, S. 293).

Auf der negativen Seite bedeutete das erneute Interesse an philosophischen Vokabeln und Bezugssystemen freilich das Aufleben alter Irrlehren, manchmal in neuem Gewand. Der Autor der Schmähschrift *Gegen die vier Labyrinthe Frankreichs* spricht im späten 12. Jahrhundert von „neuen Ketzern", die sagen, Christus sei nichts, insofern er Mensch sei *(non esse aliquid in eo quod est homo),* und anderen, die es als unpassend bezeichnen zu sagen, daß Gott irgend etwas sein könnte, was er nicht immer war, und daß der Sohn daher nicht an irgendeinem Punkt der Geschichte Mensch geworden sein kann.

Zu der Frage, was Christi Leben, Sterben und Auferstehen für das Heil des Menschen bewirkt habe, hatte die Philosophie wenig Direktes beizutragen, obwohl Anselm in seinem *Cur deus homo* versuchte, mit reinen Verstandesgründen zu beweisen, warum Gott Mensch wurde.

Teil III: Fallbeispiele

1. Sakrament

Vieles, was in diesem Buch bislang gesagt wurde, war notgedrungen allgemein, und es konnten nur einige wenige Beispiele angeführt werden. Es wäre schade, wenn sich nicht noch eingehendere Fallstudien anschlössen und die Beschaffenheit der philosophischen Behandlung theologischer Probleme im Mittelalter ein wenig illustrierten. Hierzu eignet sich zunächst die Kontroverse um die Eucharistie, aus der sich im Lauf des 11. und 12. Jahrhunderts die Transsubstantiationslehre entwickelt; es mußte als äußerst verlockend erscheinen, sich daran mit philosophischen Analysen in Begriffen der aristotelischen Kategorien, Naturwissenschaft und Sprachtheorie zu versuchen.

Diese Auseinandersetzung war tatsächlich nur ein Bereich einer viel breiteren Diskussion um die erlösende Macht der Sakramente in der Kirche, die bis zur Reformation und darüber hinaus anhielt. Im Mittelalter war man sich einig, daß Christus die Taufe und das Abendmahl als Heilsmittel gestiftet habe, d.h. als eine Art „Unterpfand", dessen Verwalterin die Kirche war und durch das der Heilige Geist im Leben des Gottesvolkes auf geregelte und geordnete Weise wirken konnte. Die Theologie der Taufe war relativ unumstritten. Die Kindertaufe wurde im Westen nach dem 4. Jahrhundert üblich. Sie wurde im Namen der Dreifaltigkeit und mit Wasser gespendet und mit einem Glaubensbekenntnis im Namen des Taufbewerbers, das der Getaufte selbst wiederholte, wenn er alt genug war. Man glaubte, daß die Taufe die Schuld der Erbsünde ein für allemal tilge, ebenso wie alle Strafen für tatsächlich vor der Taufe begangene Sünden. Ungetaufte konnten nicht erlöst werden. Die Eucharistie wurde zunehmend als Mittel gesehen, um das Erlösungswerk Christi in seinem Sterben für die Bedürfnisse der Sünder zu nutzen, die ihr ganzes Leben lang Strafen für neue Sünden anhäuften und Vergebung für sie brauchten.

Die genaue Beziehung zwischen dem Leib Christi, wie er am Kreuz starb, seinem auferstandenen Leib im Himmel und dem Brot, das in der Messe zu seinem Leib geweiht wird, wurde darum wichtig. Vom 11. bis zum 15. Jahrhundert war es üblich, vom „wahren Leib und Blut" Christi in der Eucharistie statt von „Realpräsenz" zu sprechen. Diese Betonung führte zu einer Beschäftigung mit der Physik und Metaphysik der Wandlung von Brot und Wein in Leib und Blut; die Debatten darüber wurden immer technischer und komplexer, als es die Gelehrten im Hochmittelalter mit der aristotelischen Physik zu tun bekamen. Das Wort „wahr" warf seinen eigenen Schatten, im Hinblick auf die Epistemologie wie die weit kompliziertere Zeichentheorie der Jahrhunderte nach dem 11., auf die Debatten über Analogie und den figurativen Gebrauch von Worten und Dingen.

Zwischen 1050 und 1079 gab es zwischen dem Grammatiker Berengar und Lanfranc von Bec (der später Erzbischof von Canterbury wurde) eine Auseinandersetzung über die genaue Art und Weise der Wandlung. Diese Debatte wurde in späteren Jahrzehnten von einer Reihe anderer Gelehrter fortgeführt. Berengar wurde zweimal zu dem Eingeständnis gebracht, daß Brot und Wein „wahrer Leib und wahres Blut" werden. Im ersten Widerruf heißt es, dies bedeute, daß sie „in Wahrheit" vom Priester dargereicht und gebrochen und von den Gläubigen mit den Zähnen zerkaut werden können.[1] Dies scheint eine grobe Gleichsetzung von körperlicher Realität mit Greifbarkeit zu implizieren. Im zweiten Widerruf wird gesagt, die Wandlung finde *substantialiter* statt, und der Bezug zum Berühren ist fort.[2] Das kann zum Teil daran liegen, daß die Diskussion bereits durch eine Frage unter Druck geriet, die im Kreis der Kathedralschule von Laon am Ende des Jahrhunderts mit Abstand am häufigsten zu diesem Thema gestellt wurde: ob Christus beim Letzten Abendmahl selbst seinen sterblichen, vergänglichen Körper hingegeben habe, wie er damals war, oder seinen unvergänglichen Körper, wie er jetzt sei; im ersteren Fall wäre es furchtbar, ihn zu zerbrechen und zu zerreißen. Wie dem auch sei – im Problem der „Substanz" bekam die Frage einen scharfen Brennpunkt.

In diesem Zusammenhang wäre es naheliegend gewesen, sich an zwei schon existierende Behandlungen der Frage zu erinnern. Die erste ist das Erbe an Vokabeln und Begriffen, das Augustinus zum Problem der einen Substanz und der drei Personen in der Trinität entwickelte. Berengar selbst schrieb darüber, und auch Wilhelm von Champeaux sprach es wenig später an.[3] Augustinus konnte „Substanz" *(substantia)* hier austauschbar mit „Wesen" *(essentia)* und „Natur" *(natura)* verwenden, und bei den Gegnern Berengars finden wir alle drei Ausdrücke.[4]

Die zweite naheliegende Autorität war Aristoteles-Boethius. Wenn man an die Anwendung der *Kategorien* auf das Göttliche dachte, gab es sowohl bei Augustinus als auch bei Boethius Präzedenzfälle dafür, daß Gott eindeutig als Sonderfall verstanden wurde. Wilhelm von Champeaux reflektiert zum Beispiel über die Anwendung von „Qualität", „Tun" und „Leiden"[5]; die Kategorie der Quantität kommt überall wegen des Rätsels zum Tragen, wie ein Leib so viele Hostien werden kann; Zeit und Ort bereiten Schwierigkeiten, weil Christus nicht nur überall und immer in den Eucharistien auf der Erde gegenwärtig ist, sondern gleichzeitig auch im Himmel; die Kategorie der Beziehung wird von Alger von Lüttich im frühen 12. Jahrhundert besprochen.[6] Wilhelm von St. Thierry trägt die spezielle Redeweise der *Kategorien* auf verschiedene Weise in bezug zur Eucharistie vor. In gewöhnlichen Fällen, schreibt er, „bewirkt" die Substanz die Akzidentien *(efficit);* nicht aber in der Messe. Der Leib Christi in seiner tatsächlichen Substanz *(quantum in sua substantia)* macht nicht die Weißheit des Brotes weiß oder seine Rundheit rund.[7] Auf die Frage, ob sich an der Qualität der Substanz Christi etwas ändert – denn er wird offenbar greifbar und schmeckbar *(tractabile et gustabile)* – erinnert er uns daran, daß Gottes Substanz in sich selbst gut ohne Qualität ist; sie ist groß ohne Quantität und allgegenwärtig ohne Ort.[8] Das bedeutet, wenn die Substanz des Brotes sich in die Substanz des Leibes Christi verwandelt, sind alle „Attribute" Christi (um den Ausdruck unkorrekt zu gebrauchen) in der Substanz seines Leibes gegenwärtig; und obwohl das Brot als Akzidentien ohne Substanz dableibt, ist Christus nicht unvollständig, wenn seine Substanz gleichsam ohne Akzidentien gegenwärtig ist (an anderer Stelle wurde gesagt, daß sogar Brot und Wein nicht „vergehen", weil „zu einer anderen Substanz werden" nicht Vergehen bedeutet).[9]

Ein Teil der Diskussion wandte sich den „Substanzen" (Plural) von Brot und Wein zu. Lanfranc und andere nach ihm unterscheiden in Kommentaren darüber zwischen der *species* (d.h., daß sie Brot und Wein sind) und „bestimmten anderen Eigenschaften" (z.B. Geschmack und Rundheit).[10] Die brennende Frage hier war ursprünglich eine Frage der Pastoral: ob ein Gläubiger, der nur Wein empfing (wie bei Kleinkindern üblich) oder nur Brot (wie die Bauern, *rustici),* weniger empfing als jemand, der beide Gestalten empfing; oder umgekehrt, ob man etwas Zusätzliches empfing, wenn man beides empfing.[11] Wilhelm von Champeaux versucht, zu erklären, daß in jeder *species*, in Brot und in Wein, der ganze Christus ist (der seit der Auferstehung unsichtbar, unempfindlich und unteilbar ist), auf solche Weise, daß das Blut nicht ohne das Fleisch ist *(sine carne)* und das Fleisch nicht blutlos *(sine sanguine),* daß keines von beiden ohne die menschliche Seele Christi ist und die totale Menschennatur Christi nie „ohne das göttliche Wort, das personhaft mit ihm vereint ist" *(sine verbo Deo sibi personaliter counito).*[12] „Substanz" wurde anscheinend in einem direkten, physikalischen Sinn verwendet, wenn von Brot und Wein als „Substanzen" die Rede ist; etwas ganz anderes ist hingegen unter der göttlichen Substanz zu verstehen, die nicht nur der Leib Christi ist, sondern sein Blut, seine Seele und die ganze Menschennatur des Gotteswortes. Viele Fragen drehten sich in der Mitte des 12. Jahrhunderts um dieses Thema: ob die Transsubstantiation *(transubstantiatio)* des Brotes vor der des Weines geschah, und wenn ja, ob die Eucharistie ohne den Wein vollständig sein konnte; wann genau im Prozeß der Weihe die Wandlung von Brot-Substanz und von Wein-Substanz eintrat.[13]

Der Kern der Sache war natürlich die Wandlung selbst. Manche Autoren umgehen die technische Frage mit einem vagen Begriff wie zum Beispiel *vertitur* (gewandelt).[14] Im 12. Jahrhundert versucht Robert von Melun, genauer zu sein. Es ist nicht so, schreibt er, daß das Brot weggenommen und durch den Leib Christi ersetzt wird.[15] Es wäre Ketzerei, das zu sagen. Eine Substanz geht in die andere über *(transit),* aber Robert ist nicht bereit, zu sagen, ob das auf einmal oder in Teilen geschieht *(tota in totam* oder *partes in partes).*[16] Meister Simon spricht in *De sacramentis* von *commutatio* statt *transubstantiatio,* „eine unfaßliche Verwandlung von Substanz in Substanz". Wir glauben, erklärt er, daß „unter" denselben Akzidentien, „unter" denen zuvor das Brot war, nun „der Leib Christi ist". Das bedeutet nicht, der Leib Christi entstünde „aus dem Brot" *(ex pane).*[17] Simon von Tournai, der als einer der ersten, vielleicht als erster das Wort *transubstantiatio* verwendete, erklärt, das Brot verwandle sich nicht in das Blut, der Wein nicht in den Leib und keines von beiden „in Christus" *(in Christum);* und dennoch werde in jedem der ganze Christus *(totus Christus)* empfangen.[18] Den ausgefeiltesten Versuch, die Wandlung zu erklären, unternimmt Alain von Lille in den *Regulae theologicae.* Regel CVII sucht zwischen *alteratio* (Veränderung), *alteritas* (Andersheit) und *transubstantiatio* zu unterscheiden. „Veränderung" von Substanz geschieht nach „akzidentellen" Eigenschaften, etwa wenn schwarz zu weiß wird. So könnte man sagen, „schwarz wird weiß", nicht aber „weiß entsteht aus schwarz". „Andersheit" umfaßt eine Veränderung der Substanz in substantieller Hinsicht *(secundum substantialia).* Dies geschah bei der Hochzeit zu Kana in Galiläa, wo aus Wasser Wein wurde. Hier sagen wir, „Wein wird aus Wasser gemacht". In der Transsubstantiation bleiben weder die *materia* noch die *substantialis forma* (substantielle Form), sondern nur die *accidentalia.* So können wir sagen, „das Brot wird *(fit)* der Leib Christi"; es wird *mutabiliter,* durch Veränderung, in den Leib Christi verwandelt werden *(convertetur).* Wir dürfen nicht sagen, das Brot „wird der Leib Christi sein" oder „beginnen zu sein" *(incipiet esse)* oder der Leib Christi „wird aus dem Brot entstehen" *(de pane fiet).* Wir können sagen, es „wird" sein Leib werden *(fiet).*[19]

Guitmund von Aversa verrät uns, daß noch zu der Zeit, als er schreibt (Ende 12. Jahrhundert), nicht alle, die „Berengarianer" genannt werden könnten, dasselbe denken.

Manche sagen, der Leib Christi sei auf verborgene Weise im Brot gegenwärtig, „sozusagen im Brot verkörpert“ *(ut ita dixerim, impanari)*.[20] Sie sagen, dies sei der tiefere Sinn *(subtilior sensus)* von Berengars Lehre. Der wahre Leib ist in der Substanz des Brotes auf verborgene Weise enthalten *(latenter contineri)*, ersetzt sie aber nicht. Rupert von Deutz vertrat diese Ansicht zwischen 1112 und 1117 mit anderen Worten.[21] Ebenso, wie die Menschennatur nicht zerstört wurde, als Christus Mensch ward, sondern mit der göttlichen in einer Person zusammenkam, wird auch die Substanz von Brot und Wein nicht verändert oder zerstört, sondern in Einheit verbunden mit dem Körper, der am Kreuz hing, und dem Blut, das aus der Seite Christi floß, argumentiert er.[22] Der Neologismus „Impanation“ (Einkörperung ins Brot) soll natürlich ein Anklang an die Inkarnation sein. Ruperts Zeitgenossen, z.B. Guitmund, hatten Vorbehalte gegen diesen Ausdruck. Alger von Lüttich, der Rupert unverzüglich angriff, schwächte ihn durch ein „als ob“ ab *(quasi impanatum)*[23]; Wilhelm von St. Thierry, der Ruperts Position bald darauf in Frage stellte, schränkt es ebenfalls ein. „Wenn man es sagen dürfte, würde man nicht nur von der Inkarnation, sondern auch der Impanation des Wortes sprechen.“[24]

Laut Wilhelm von St. Thierry war der wichtigste Einwand gegen diese Position, daß die Idee vom Bleiben des Brotes Christen immer ein Greuel gewesen und jüngst bei Berengar verurteilt worden war.[25] Tatsächlich hatten sowohl Alger als auch Wilhelm andere Einwände. Alger stört sich an der Vorstellung, so, wie das Wort Fleisch wurde, werde auch das Brot dasselbe Fleisch.[26] Hier sieht er eine Vermengung ähnlicher Erscheinungen *(confusio similitudinum)* vorliegen; denn das „Werden“ ist in beiden Fällen sehr unterschiedlich *(longe diverso modo)*. Er nennt einige der Unterschiede. Das Brot wird nicht geboren. Im Mutterleib nahm Christus die *species* oder Form des Menschen mit der Substanz an; doch auf dem Altar nimmt er die *species* oder Form des Brotes ohne die Substanz an. Wenn die Bibel den Leib des Herrn „Brot“ nennt („Ich bin das Brot des Lebens“), spricht sie bildhaft, nicht „substantiell“ *(non substantialiter)*.[27] Wie kann man von der „Impanation“ Christi sprechen, wenn er nicht in Brot verwandelt wird und in keiner Weise Brot wird?[28] Die Elemente werden nicht eine Person mit Christus.[29] Er schreibt die Verwirrung nicht nur einem Fehler in der Analogie zwischen dem zweierlei „Werden“ zu, sondern dem Mißverstehen einer grammatikalischen Ähnlichkeit, einer Ähnlichkeit in der Form der Wörter, als Ähnlichkeit im Sinn.[30] Eine bessere Ähnlichkeit wäre die zwischen einem Menschen und dem Bild eines Menschen (ein Beispiel von Aristoteles). Wir sagen über beide, „das ist der Mensch“. Er räumt ein, daß die Gestalt des Brotes *(figura panis)* eine größere generelle Ähnlichkeit *(familior)* mit dem Leib Christi hat als ein Bild mit einem Menschen.[31] Er scheint es unterschwellig für unwürdig und unangebracht zu halten, daß Christus personhaft im Brot verkörpert wird *(personaliter in pane impanatus)*, wie er personhaft in menschliches Fleisch inkarniert wurde.[32] Alger untersucht nicht die Anomalien, die aus der Impanation des ganzen menschgewordenen Christus entstehen würden, sondern behandelt unsere Frage, als ginge es darum, daß der Sohn „Brot“ wurde, wie er „Mensch“ wurde; er wendet hier nicht die oben erwähnten Prinzipien an, die Wilhelm von Champeaux umreißt.[33]

Wilhelm von St. Thierry führt uns über Guitmunds einfaches „auf verborgene Weise enthalten sein“ *(latenter contineri)* und Algers ausgefeilte Ablehnung von Ruperts Parallele zwischen Inkarnation und „Impanation“ hinaus zu der Idee der „Inhärenz“. Er findet es orthodox und zulässig zu sagen, daß die Akzidentien, die dem ursprünglichen Brot innewohnen *(pani inhaerens),* auf die Substanz des Leibes Christi übergehen und ihr innewohnen.[34] Dies setzt voraus, daß die Substanz des Brotes dann unberücksichtigt bleibt. Doch „Inhärenz" ist selbst ein Begriff, der über das schlichte „sich innen verbergen" hinausgeht.

Mit Recht wird gefragt, wo die Akzidentien des Brotes „inhärent" sind, wenn die Substanz des Brotes verschwunden ist. Im Brot sind sie nicht, auch nicht im Leib Christi. Die *Ysagoge in theologiam* der Schule Abälards meint, Gott könne bewirken, daß sie ohne Substanz weiterexistieren.[35] Denen, die denken, sie seien „in" der Luft, erwidert Meister Simon, dies würde bedeuten, daß sie mit der Luftbewegung zu treiben scheinen. Es ist in seinen Augen vernünftiger *(sanius)*, zu glauben, daß sie „in" gar keiner Substanz sind, sondern selbständig weiterexistieren *(per se subsistunt),* um den Gläubigen zu helfen.[36]

So sah man, daß sich aus einer Lehre der Veränderung in der Substanz der Elemente vielfältige Anomalien und Schwierigkeiten ergaben. Diese wurden nicht nur von „Berengarianern" angesprochen, sondern, wie die Texte der „Schule" Anselms von Canterbury deutlich machen, auch von ernsthaft suchenden Studenten und Gelehrten. Die Absicht war nicht, die Lehre der Kirche umzustoßen, sondern zu verstehen, wie sie richtig und gleichzeitig begreifbar sein konnte. Ergebnis dieser Fragen – gepaart mit denen der Gelehrten, die tatsächlich gleich oder ähnlich dachten wie Berengar – war die Klärung vieler Einzelheiten; weil die offizielle Lehre in den Jahrzehnten des späten 11. und frühen 12. Jahrhunderts Gegenstand aktiver Auseinandersetzung war, wurde sie insgesamt schärfer umrissen.

Eine wichtige Frage war, zu welchem „Leib Christi" Brot und Wein würden. Wie Wilhelm von St. Thierry ausführen sollte, hatte „der Leib Christi" mindestens drei Bedeutungen. Er konnte den Leib bezeichnen, der am Kreuz hing, den historischen Körper Christi, der seiner Ansicht nach auch auf dem Altar geopfert wird. Er konnte den Leib bezeichnen, der ewiges Leben schenkt, wenn der Gläubige ihn ißt. Er konnte die Kirche bezeichnen.[37] Doch diese drei sind wirklich eins, erklärt Wilhelm, derselbe Körper, betrachtet unter dem Aspekt seines Wesens *(secundum essentiam),* seiner Einheit *(secundum unitatem)* und seiner Wirkung *(secundum effectum).*[38] Für Berengars Gegner war es fast von Anfang an ein Anliegen, daß der Leib Christi, in den das Brot bei der Eucharistie verwandelt wurde, derselbe historische Körper war, in dem er gelebt hatte und gestorben war. Das bedeutete, daß nicht nur bildlich eine Wandlung geschehen oder ein Körper beteiligt war. Gilbert Crispin drückt es mit einem Begriff des Boethius aus: Er ist numerisch ein und derselbe *(unum et idem secundum [?] numerum).*[39] Gilbert und Durandus verweisen beide auf die Idee, daß Christus beim Letzten Abendmahl sich selbst in der Hand hielt und gleichzeitig von seinen eigenen Händen gehalten wurde.[40] Dies findet Gilbert nicht bemerkenswerter, als daß die Seele gleichzeitig in verschiedenen Körperteilen anwesend ist. Doch selbst wenn, wie Anselm von Laon sagt, „kein vernünftiger Mensch an der Wahrheit der Substanz zweifelt", bleibt die Lehre schwierig, daß der eucharistische Leib der historische Körper Christi ist; hier rechnet er kaum mit einer einfachen Lösung. Gab ihn Christus seinen Jüngern beim Letzten Abendmahl so, wie er damals war, sterblich und vergänglich *(corruptibile),* oder wie er sein würde, unvergänglich *(incorruptibile)?* Hier sind sich sogar die Orthodoxen nicht völlig einig.[41] Er hält es für besser, davon auszugehen, daß Jesus sich seinen Jüngern gab, wie er damals war.[42] Empfingen die Jünger dann den sterblichen Leib? Ja, meint Anselm von Laon, doch wir empfangen ihn, wie er jetzt ist, denselben historischen Körper, aber unsterblich.[43]

Ob sterblich und vergänglich oder unsterblich und unvergänglich – der historische Körper Christi schien per definitionem von einer Art Substanz zu sein, die quantitativ ist und sich an einem Ort befindet. So kam es zumindest den Beteiligten an dieser Debatte vor, denen daran lag, diese Annahme mit der Lehre von einer buchstäblichen und physikalischen Substanzwandlung in Einklang zu bringen. Beim Letzten Abendmahl trug der ganze Christus sich selbst in den Händen, und es war der ganze Christus, den er hielt.[44] Wenn einige einwenden, daß ein unvorstellbar riesiger „Körper" nötig wäre, um alle Hostien für so viele Eucharistien zu bereiten, dann antwortet Guitmund, daß diese Hostien nicht „Teile" des Leibes Christi sind, sondern jeweils der ganze Leib.[45] Es gibt keine „Portiönchen" *(portiunculae)* der Art, wie Berengar sie höhnisch beschreibt.[46] Auch Alger betont, wenn der Leib Christi in der Eucharistie gebrochen und von den Gläubigen empfangen werde, bleibe er ganz und ungeschmälert.[47] Das Gleiche sagt Durandus.[48] Dieser Paradoxie fügen unsere Autoren eine weitere hinzu. Als Christus beim Letzten Abendmahl zu Tisch saß, war er ganz da, schreibt Gilbert, aber er war auch ganz in den Mündern derer, die das Brot aßen, das sein Leib war.[49] Es gibt keinen Unterschied, behauptet er, zwischen jener Bilokation und der jetzigen, gleichzeitigen Gegenwart Christi im Himmel und in der Hostie.[50] Alger betont, daß der Leib Christi örtlich im Himmel und ebenso örtlich auf der Erde ist.[51] Lanfranc sagt das Gleiche und nennt es ein Geheimnis, dem wir uns beugen müssen, so sehr es dem Verstand auch zuwiderläuft.[52] Die Gesetze, die normalerweise physikalische Quantität und Ortung regeln, werden gebrochen. Beide sind von dem Wunder betroffen, daß Christus von den Zähnen der Gläubigen zerkaut wird und dennoch ganz und unbeschädigt bleibt. All dies „übersteigt die Natur der Substanz in einem Körper", kommentiert Gilbert.[53] Jede körperliche Substanz *(corporea substantia)* ist *circumscripta,* begrenzt, und sie kann nicht vollständig an mehreren Orten sein. Die Methode, mit der die Verteidiger der kirchlichen Position diese erschreckenden Anomalien angehen, besteht folglich darin, sie freimütig anzuerkennen, aber sie den Gläubigen als Wunder vorzuhalten, deren Charakter ihren Glauben mehren sollte, statt Zweifel daran zu wecken, daß eine wirkliche substantielle Wandlung stattfindet.

Der Wundercharakter der Wandlung wird freimütig diskutiert. Er wird mit der Macht verglichen, mit der Gott die Welt aus nichts schuf. Eine Sache in eine andere zu verwandeln scheint ein weniger großes Wunder als dieses. Die Wandlung wird auch (allerdings weniger häufig) mit dem Wunder der Inkarnation verglichen.[54] Außerdem wird jeden Tag die Nahrung, die wir essen, in unsere Körper verwandelt.[55] Wenn jedoch das Argument letztlich auf der Behauptung fußt, daß gerade die Anomalien das Wunder sind und Glauben erwecken sollen, so bringen einige die Schwierigkeiten mit der „Unwürdigkeit" zur Sprache, die in die entgegengesetzte Richtung zu weisen scheinen. „Ein verderblicher Gedanke, daß es richtig sein soll, Christus mit den Zähnen zu zerreißen!" ruft Guitmunds Dialogpartner Roger aus.[56] Wenn unsere Gegner, die Berengarianer, sagen wollen, das sei unwürdig, antwortet Guitmund, was werden sie dann von der Demütigung sagen, die Christus willig auf sich nahm, als er für unser Heil geschlagen wurde, eine Dornenkrone trug, und vom Kreuz, den Nägeln, dem Speer zerrissen wurde?[57] Es scheint gewiß unannehmbar, daß die „Substanzen der göttlichen Opfergabe" verdaut werden können, sogar Verdauungsstörungen und Betrunkenheit verursachen können, wenn sie im Übermaß genossen werden, gerade so wie jedes andere Brot und jeder andere Wein, wie die Berengarianer sagen.[58] Ein Kompromißvorschlag kam von Wilhelm von Champeaux. Er meint, es seien die bleibenden *species* von Brot und Wein dasjenige, was gekaut wird, während die Substanz selbst, Christus, ganz („unzerkaut") bleibe.[59] In dieser Art wurde der Einwand, es wäre (wohl gar für Christus) unwürdig, Leib Christi zu werden, auf den Kopf gestellt.

Eines der stärksten Argumente für die Ansicht, daß, metaphysisch gesprochen, ein wirklicher Wandel stattfindet, ist, daß die Wirkung der Eucharistie dadurch leichter zu verstehen ist. Guitmund beschreibt sie als „wirksam zu unserem Heil" *(nostrae salutis effectivum)*.[60] Durandus ist expliziter. Die, die Manna in der Wüste aßen, starben. Unsere wunderbare Speise ist das lebendige Brot vom Himmel, der Leib Christi, und sie gibt uns die Substanz des ewigen Lebens *(vitae aeternae substantiam subministrat)*.[61] Wir bleiben natürlich *(naturaliter)* in Christus durch Tausch *(per commercium)* in seinem heiligen Fleisch *(sanctae suae carnis)*, und er bleibt in uns, indem er unsere Schwachheit annimmt. Er hat uns machtvoll sich einverleibt *(nos sibi potenter corporavit)* und macht uns naturhaft *(naturaliter)* eins mit sich durch die Gemeinschaft an seinem Leib und Blut.[62] Dieses Thema der Vereinigung mit Christus wird auch von Alger[63] und Anselm von Laon[64] betont.

Doch gegenüber jeder Lehre einer „automatischen" Einverleibung aufgrund der physischen Realität des Leibes Christi, den der Gläubige empfängt, erhoben sich Fragen nach der Würdigkeit des Priesters[65] und des Kommunizierenden[66].

Die Macht der Weiheformel *(vis verborum)* war für unsere Autoren von zentraler Bedeutung. Lanfranc schreibt, wenn in Jesus solche *vis in sermone* (vollmächtige Rede) sei, daß Dinge entstehen können, die zuvor nicht waren, wieviel leichter könne er etwas, das schon da ist, in etwas anderes verwandeln.[67] Durandus operiert mit den Begriffen „vor" und „nach". Vor den Worten Christi ist der Kelch gefüllt mit Wein und Wasser. Wenn diese Worte ihre Wirkung getan haben, ist das Blut darin, das sein Volk erlöst.[68] Alger von Lüttich spricht mit ähnlichen Ausdrücken von der Macht der Weiheformel.[69] „Durch" *(per)* die Worte, sagt Anselm von Laon, wird das Brot in den Leib Christi verwandelt *(commutari)*.[70]

Diese Auffassung von der Wirksamkeit der Worte paßt zu der mittelalterlichen Form dessen, was später zurecht Zeichentheorie genannt wurde. Laut Guitmund war es Berengars Position, daß Brot und Wein nicht wahrhaft und substantiell *(vere substantialiterque)* Leib und Blut seien, sondern „nur mit diesen Worten benannt" *(sola voce sic appellari)* würden, Schatten und Abbild, die selbst zur Bezeichnung dienten *(significativa)* für Leib und Blut, d.h. als eigenständige Zeichen fungierten.[71] Durandus spielt ein wenig mit dem Vokabular des „Benennens". „Man sagt *(dicitur)*, es ist Fleisch, und man nennt es *(vocatur)* Brot; Brot, weil es Speise ist oder wegen seiner äußerlichen Erscheinung; Fleisch, weil es Leben ist und wegen der Wahrheit, die inwendig, kraft einer (göttlichen) Anordnung *(intrinsecus dispensatione)*, darin verborgen ist *(latens)*."[72] Wiederum: Vor der Weihe durch die himmlischen Worte wird es eine andere *species* genannt *(alia species nominatur)*; nach der Weihe wird es als Leib Christi bezeichnet *(significatur)*. Vor der Weihe wird der Wein etwas anderes genannt *(aliud dicitur)*; nach der Weihe wird er Blut genannt *(sanguis nuncupatur)*.[73] Hier gibt es keine exakten technischen Unterscheidungen. Die unterschiedlichen Ausdrücke sollen offenbar Wiederholungen vermeiden; es ist ein stilistisches Anliegen. Doch hinter all den Worten des Benennens steht die entscheidende Erkenntnis: „Nachdem Christus das Brot gesegnet hatte, nannte er es nicht Brot, sondern Leib."[74]

Dies verführte zu Vergleichen mit anderen Anlässen, bei denen Christus sich als „Weinstock" oder „Weg" bezeichnet hatte. Wenn „Ich bin der Weinstock" auf die gleiche Weise gesagt wird wie „dies ist mein Leib", fragt Gilbert, sollte es dann im gleichen Sinn *(eodem sensu)* verstanden werden? Wenn ja, ist das Brot entweder nur figürlich oder *significative* der Leib Christi, oder Christus ist *substantialiter* der Weinstock, und das ist nicht katholischer Glaube.[75] Es kann nicht notwendig sein, daß Dinge, die in der gleichen Form der Worte[76] gesagt werden, auch im selben Sinn verstanden werden müssen. Schierer Mangel an Wörtern kann uns zwingen, äquivok zu sprechen. Wir sagen, die Juden haben den Herrn gekreuzigt, aber tatsächlich waren es die Heiden.[77] Wenn wir die verschiedenen Weisen untersuchen, in denen Christus ein Mensch oder ein Löwe „ist", so sehen wir, daß er ein Mensch von Natur, ein Löwe an Tatkraft ist. Deshalb kann „ist" *significative* oder *substantive* verstanden werden, ja nach Zusammenhang. Jesus selbst erklärte im Fall seines bildlichen „ist" genau, was er meinte, nachdem er gesagt hatte: „Ich bin der Weinstock" etc. Ganz anders war es bei Brot und Wein. Dort wird kein Bild *(figura)* erklärt, und wir müssen davon ausgehen, daß er wörtlich meinte, was er sagte.[78]

Auch aus den grammatikalischen und logischen Studien der Zeit ergaben sich Fragen. Sollte das Brot „im eigentlichen Sinn" Leib Christi genannt werden oder vergleichend *(similitudinarie)?*[79] Alger meint, in diesem einzigartigen Fall sei es etwas zwischen den beiden. Es ist zulässig, zu sagen, daß es eine eigentliche Bezeichnung ist; dennoch wird sie ein wenig uneigentlich *(aliquantulum improprie)* benutzt, weil Form und Eigenschaften des Brotes bleiben.[80] Die Substanz wird übertragen *(translata est),* und damit muß eine gewisse Übertragung *(translatio)* der Bezeichnung einhergehen.[81] Das Wort *transferre* für den Wandel der Substanz ist interessant, denn *translatio* war ein Standard-Ausdruck für die Übertragung der Bedeutung vom Wörtlichen ins Metaphorische oder umgekehrt. Wir finden eine umgekehrte Entlehnung, wenn von der Kategorie der Beziehung *(ad aliquid)* im Kontext des Sprachgebrauchs die Rede ist. „Diese Wörter sind relativ", sagte Lanfranc.[82] Er versucht, die Schwierigkeit wegzuerklären, auf die Berengar verweist, daß die Bibel sich mit den Begriffen *species, similitudo, figura, signum, mysterium, sacramentum* auf das Brot bezieht.[83]

Über allem lastet das Bewußtsein, welche enorme und komplexe Probleme der biblische Sprachgebrauch aufwirft.[84] Lanfranc kommentiert, wenn von „Brot" die Rede sei, dann sei dies die gewohnte Sprechweise der Heiligen Schrift.[85] In der Bibel sei es üblich, daß Dinge mit dem Namen dessen bezeichnet werden, von dem sie kommen oder aus dem sie bestehen, oder mit den Namen dessen, als was sie lediglich gelten.[86] „Was ist die Definition eines bildlichen Ausdrucks" *(definitio figuratae locutionis),* fragt Rupert. Er erklärt, wenn das Wort klingt, als bedeute es eine Sache, aber eine andere darunter zu verstehen ist, ist der Ausdruck bildlich. Im Fall von „dies ist mein Leib" verschwindet die *figuratio,* und es bleibt der *sensus verbi consonus,* der Sinn des Wortes, so, wie es klingt, nämlich daß das Brot durch Gottes Macht zur wahren Substanz seines Leibes wird.[87] Die Ausdrucksweise ist also das Gegenteil von bildlich; denn in diesem allerspeziellsten biblischen Sprachgebrauch bedeuten die Worte genau das, was sie sagen. Für Gilbert Crispin ist es nicht so geradlinig. Er sieht hier eine Paradoxie. „Wir schließen das Bildliche nicht ganz von diesem Sakrament aus, aber wir räumen auch nicht ein, daß es nur ein Bild ist. Es ist wahr, weil es der Leib Christi ist. Es ist ein Bild, weil das Unvergängliche geopfert wird." Wenn das *hoc („dies* [ist mein Leib]") nicht substantiell wäre, wären die Worte „für euch gegeben" nur bildlich.[88]

Mit Paradoxien kämpfen alle Gegner Berengars. Wenn wir sagen wollen, daß er unrecht hat, von Brot und Wein als „nur einem Sakrament" zu sprechen, so wollen wir keineswegs leugnen, daß sie ein Sakrament sind. Guitmund fragt: „Wenn es bildlich ist, wie ist es dann wahr?"[89] Durandus versucht zu erklären, wie Christus in der Eucharistie *verus homo* (wahrer Mensch) ist, obwohl er in der Bibel als „den Menschen gleich" bezeichnet wird. *Figura* mache die *substantia* nicht zunichte, betont er; sie sei nicht *substantiae abnegativa.*[90] Alger schreibt, ein Körper, der geistig und unsichtbar ist, könne auch substantiell und „wahr" sein.[91] Es ist der Leib, der Christus von der Jungfrau zuteil ward, den wir empfangen, und er ist es auch wieder nicht *(et tamen non ipsum),* sagt Lanfranc.[92]

Es wurde offenbar gefragt, warum Gott ein so außergewöhnliches Mittel wie die Transsubstantiation wählen sollte. Lanfranc schreibt, sie sei ein Akt der Freundlichkeit Gottes; denn wenn die Gläubigen sein Fleisch und Blut sähen, würden sie von Entsetzen erfüllt. Außerdem sei sie eine Prüfung des Glaubens; denn wer glaubt, ohne zu sehen, verdient den größeren Lohn.[93] Alger sagt das Gleiche. Wenn das Brot ganz verschwände, dann wäre es derart offensichtlich, daß ein Wunder geschehen ist, daß der Glaube keine Aufgabe mehr hätte.[94] Außerdem kann sie eine Lernhilfe sein. Berengar hatte darauf hingewiesen, daß die Hostie schimmeln würde, wenn man sie lang genug aufbewahrte. Guitmund antwortet, wenn das geschähe, wäre es entweder ein Zeichen dafür, daß es bei den Priestern eine *negligentia* (Nachlässigkeit) gegeben habe, oder ein Zeichen, um den Glauben des Volkes zu prüfen, oder vielleicht um zu beweisen, daß dieser nicht ausgereicht habe.[95] Als weiterer Grund wurde Mitte des 12. Jahrhunderts meistens hinzugefügt, daß Ungläubige so nicht über Christen lachen könnten, weil sie Blut tranken.[96] Doch wir können uns der Frage ganz anders nähern, indem wir sie im Licht des Einflusses betrachten, den die Annahmen und Methoden der antiken Philosophie ausübten hatten und der in dieser Kontroverse so stark war. In gewissem Maß verursachte dieses Erbe die Schwierigkeit, ermöglichte aber auch die Antwort darauf.

Anmerkungen

1 PL 150, 411.
2 PL 150, 411.
3 Lottin, S. 90.
4 Zum Beispiel *essentialiter et vere* statt *substantialiter et vere* (PL 180,885); *essentia Dominici corporis* bei Lanfranc (PL 150, 430); sowohl *naturaliter* als auch *substantialiter* bei Durandus (PL 149, 392 und 1386) und *ex visibilibus et terrenis substantiis, id est panis et vini ... sanctum Domini corpus ac verus sanguis efficitur, mutata non specie sed natura* (PL 149, 1380). Dieser Gebrauch nimmt den Begriff „Substanz" aus dem Bereich des Greifbaren heraus und ermöglicht es, problemlos über geistige und göttliche Substanz zu sprechen.
5 PL 180, 349f.
6 PL 180, 791.

7 *Nec album efficit albedo illa, nec rotundum rotunditas illa:* PL 180.343.
8 PL 180, 350.
9 Lottin, S. 278.
10 PL 150, 430.
11 Lottin, S. 27, 55.
12 Lottin, S. 217.
13 Simon von Tournai, *Disputationes,* ed. J. Warichez, SSLov. 12, 1932, S. 202, Disp. 71.q.4; S. 258, Disp. 90.q.2; S. 259, Disp. 90.q.3.
14 *Sententie Parisienses,* in: *Écrits de l'École d'Abélard,* ed. M.A. Landgraf, SSLov. 14, 1934, S. 40.
15 *Non ... subducto pane et supposito corpore Christi.*
16 Robert von Melun, *In Epistolas Pauli,* ed. R. Martin, SSLov 18, 1938, S. 210, zu I Kor. 10,16.
17 Meister Simon, *De Sacramentis,* ed. H. Weisweiler, SSLov. 17, 1937, S. 30, CXXXI und CLI.
18 Simon von Tournai, ed. cit., S. 202, Disp. 71.q.5.
19 PL 210, 678.
20 PL 149, 1430.
21 J. van Engen, Rupert of Deutz, 1983, S. 133f.
22 CCCM 22, 647 zu Exodus 2,10.
23 PL 180, 739.
24 *Si dici posset diceretur impanatum:* PL 180, 342.
25 PL 180, 431f.
26 *Sicut Verbum fit caro, sic panis fit eadem caro:* PL 180, 755.
27 PL 180, 755.
28 PL 180, 755.
29 PL 180, 754.
30 *Similis quidem est grammatica, sed non similis intelligentia:* PL 180, 754.
31 PL 180, 754.
32 Ibid.
33 Lottin, S. 217.
34 PL 180, 343.
35 *Ut absque substantia subsistat efficere, Ysagoge in Theologiam,* in: *Écrits de l'École d'Abélard,* ed. cit., S. 203.
36 *Meister Simon,* Appendix mit Petrus Manducators Text, in: Robert von Melun, *In Epistolas Pauli,* ed. cit., S. 53; vgl. die Einführung in die Behandlung dieses Aspekts in der Mitte des 12. Jahrhunderts.
37 PL 180, 362.
38 Ibid.
39 *Works,* ed. A.S. Abulafia – G.R. Evans, London 1986, S. 124.
40 Ibid., Gilbert, S. 128; Durandus, PL 149.1401.
41 *Aliqua inter catholicos quaestio est*: Lottin, S. 132.
42 *Qualis ipse naturaliter fuit:* Lottin, S. 132; vgl. viele andere Beispiele, etwa Lottin, S. 217–219.
43 Simon von Tournai, *Disputationes,* ed. cit., S. 200, Disp. 71.q.1; Lottin, S. 105f.
44 *Totus ferebat se ipsum et totus ferebatur a se in manibus suis,* schreibt Gilbert, ed. cit., S. 129.
45 PL 149, 1450.
46 Huygens, S. 204, und an vielen anderen Stellen.
47 PL 180, 783.
48 PL 149, 1402f.
49 Gilbert Crispin, ed. cit., S. 129.
50 Ibid.
51 PL 180, 780.
52 PL 150, 439.
53 *Ista excedunt corpore naturam substantie:* Gilbert Crispin, ed. cit., S. 129.
54 Z.B. Wilhelm von St. Thierry, PL 180, 346f.
55 PL 149, 1431.
56 PL 149, 1430.
57 PL 149, 1432.
58 PL 149, 1377.
59 Lottin, S. 218.

60 PL 149, 1458.
61 PL 149, 1384.
62 PL 149, 1382.
63 PL 180, 747 und 885.
64 Lottin, S. 28; Rupert von Deutz, CCCM, XXIV, S. 1832, und Robert von Melun, *Quaestiones de divina pagina,* SSlov. 13, 1932, S. 22, q.38.
65 Zum Beispiel Gilbert, ed. cit., S. 132; Alger, PL 180.798; Lottin, S. 279.
66 Durandus, PL 149, 1382; Alger, PL 180, 803; Lottin, S. 280; Robert von Melun, loc. cit.
67 PL 150, 420.
68 PL 149, 1397.
69 PL 180, 883f.
70 Lottin, S. 28; Robert von Melun, *In Epistolas Pauli,* ed. cit., S. 210 [zu I Kor. 10,16]; *Sententie Parisienses,* ed. cit., S. 40.
71 PL 149, 1430.
72 PL 149, 1380.
73 PL 149, 1385.
74 Gilbert, ed. cit., S. 127.
75 Ibid., S. 126.
76 *Sub eadem verborum prolatione sint dicta:* ibid.
77 Ibid.
78 Ibid.
79 Alger, PL 180, 755
80 PL 180, 756.
81 PL 180, 852. Vgl. mein Buch *The Logic and Language of the Bible I,* Cambridge 1984, S. 101–122.
82 *Haec autem verba ad aliquid sunt:* PL 150, 436.
83 Ibid.; vgl. Alger, PL 180, 791, auch zur Verwirrung von Wörtern und *ad aliquid.*
84 Vgl. besonders Durandus, PL 149, 1400.
85 *Consueto sacrorum codicum more.*
86 PL 150, 438.
87 Vgl. besonders den *Final Report* der Anglikanisch-Römisch-Katholischen Internationalen Kommission, 1981, *Eucharist* (6), Anm. 2: „Das Wort ‚Transsubstantiation' wird in der römisch-katholischen Kirche gewöhnlich in dem Sinn verwendet, daß Gott, der in der Eucharistie wirksam ist, eine Wandlung in der inneren Wirklichkeit der Elemente herbeiführt. Der Ausdruck sollte als Bekräftigung der Präsenz Christi und der geheimnisvollen, radikalen Wandlung verstanden werden, die sich vollzieht. In der zeitgenössischen römisch-katholischen Theologie wird er nicht als Erklärung verstanden, wie die Wandlung sich vollzieht."
88 Gilbert Crispin, ed. cit., S. 127.
89 PL 149, 1457.
90 PL 149, 1393.
91 PL 180, 775.
92 PL 150, 430.
93 Ibid.
94 PL 180, 758f.
95 PL 149, 1445.
96 *Ysagoge in Theologiam, in: Écrits de l'École d'Abélard,* ed. cit., S. 203 und *Master Simon, De Sacramentis,* ed. cit., S. 90.

Die Bibel lieferte reichlich Material zur Diskussion über das (sittlich) gute christliche Leben, und viele Jahrhunderte lang war Moralphilosophie weitgehend Teil der mittelalterlichen christlichen Lehre von Tugenden und Lastern. Ein literarisches Modell lieferte Prudentius' *Psychomachia,* geschrieben zur Zeit des Augustinus, eine allegorische Schlacht zwischen personifizierten Tugenden und Lastern (Alain von Lille verwendete diese Idee im späten 12. Jahrhundert in seiner Dichtung *Anticlaudianus,* und es gibt eine Reihe anderer mittelalterlicher Nachahmungen). Doch wie wir sahen, hielt sich bei manchen Autoren so etwas wie die Vorstellung von der Philosophie als Lebensführerin und somit vom Christentum als „Philosophie". Abälard sagt zum Beispiel, wir sind wahrhaft „Philosophen", wenn wir Christus lieben (CCCM XII.149).

Philosophia Moralis wurde charakteristischerweise in die folgenden Aspekte rechten Lebens unterteilt: die Beziehung zu Mitbürgern und Untertanen (politisch), das häusliche Leben (ökonomisch) und das innere Leben des Individuums (Lafleur, S. 333f.). Rechtes Verhalten bei einem Herrscher ist die Bestrafung der Übeltäter und die Belohnung der Gesetzestreuen; er muß für die Heilung der Kranken sorgen und den Gesunden Möglichkeiten zum Arbeiten bieten. Das Haupt eines Haushalts muß für dessen Bedürfnisse sorgen, seine Mitglieder lehren und von Missetaten fernhalten. Ähnlich soll das Individuum für sich Missetaten meiden, Gutes tun und guten Beispielen folgen (Lafleur, S. 335). So finden wir in diesem Bereich der Ethik erneut Spuren der Idee von der Philosophie als Lebensführerin.

Einige antike philosophische Texte wurden schon Jahrhunderte vor dem Auftauchen der aristotelischen *Ethik* und *Politik* regelmäßig in christlichen Schriften über Ethik verwendet – verschiedene lateinische Moralphilosophen, besonders Cicero mit *De officiis* (Von den Pflichten), *De senectute* (Vom Alter) und *De amicitia* (Von der Freundschaft). In der karolingischen und nachkarolingischen Periode wurden Sammlungen moralischer Sentenzen von klassischen Autoren angelegt.[1] Heiric von Auxerre und Sedulius Scottus versuchten nicht, neue Schriften daraus zu machen und sie darin einer christlichen Kritik zu unterziehen. Dies versuchte Anfang des 12. Jahrhunderts ein anderer Autor, möglicherweise Wilhelm von Conches. Er verfaßte eine neue Version von Ciceros *De officiis,* in der er zusammenfassen wollte, was sowohl Cicero als auch Seneca sagen und in die er auch Material von Horaz, Terenz, Lucan und Sallust aufnahm. In diesem *Moralium dogma philosophorum* (Lehre der Moralphilosophen) untersucht er in ciceronischer Manier, aber von einem christlichen Standpunkt aus die Ergebnisse der Unterscheidung zwischen „Ehrlichkeit" und „Nützlichkeit" *(utilitas)* in moralischen Fragen.[2] In der gleichen Zeit setzte sich Rupert von Deutz mit Macrobius' Darstellung der vier Tugenden Klugheit, Mäßigung, Tapferkeit und Gerechtigkeit auseinander[3], weil dieser kein Verständnis für ihren Wert in den Augen Gottes gehabt habe.

In einer Schrift über *Tugenden und Laster und die Gaben des heiligen Geistes* stellte Alain von Lille später im 12. Jahrhundert die vier von Cicero angeführten Tugenden neben die paulinischen Glaube, Hoffnung und Liebe und fragte, wie sie sich zueinander verhalten.[4]

Peter Abälards *Scito teipsum* (Erkenne dich selbst) war, philosophisch gesehen, eine weit umfassendere Untersuchung und enthielt Originalmaterial. Er lotete darin die Auffassung des Aristoteles und des Boethius aus, daß Tugend eine Eigenschaft oder ein *habitus* (Anlage, dauernde Beschaffenheit) sei, den ein Mensch durch Anstrengung erwerben könne. Er behauptete auch, daß Gott auf die Absicht schaut und sie zählt, nicht die Tat.

Vor der Assimilierung von Aristoteles' *Ethik* blieb Ethik jedoch ein spekulatives Fach auf dem Stundenplan, formal unterteilt in moralische Prinzipien für den privaten Einzelmenschen, das häusliche und politische Leben.[5]

Aristoteles' *Ethik* lag im 12. Jahrhundert auf Lateinisch vor, jedoch nur die Bücher II und III, später als *Ethica Vetus* (alte Ethik) bezeichnet. Diese Teile des Buches lieferten Material zu Glück und Tugend. Ende der 1240er Jahre fertigte Robert Grosseteste eine vollständige Übersetzung an, begleitet von einer Gruppe griechischer Kommentare, speziell von Michael von Ephesus, in Übersetzung; das Material umfaßte eine Zeitspanne vom 3. bis zum 12. Jahrhundert. Albertus Magnus steuerte zwei neue lateinische Kommentare bei, und sein Schüler Thomas von Aquin hörte ihn über die *Ethik* lesen. Thomas' eigene Reflexionen über das Buch (um 1271–1272) brachten ihn in die Nähe einer Unterscheidung zwischen dem Studium der Ethik als Teilgebiet der Philosophie, d.h. als spekulative Wissenschaft, und der Untersuchung praktischer Fragen nach dem richtigen Handeln. Es war ihm auch ein Anliegen, das Studium der Ethik in den Kontext der Regeln zu stellen, die große und kleine Gemeinschaften bestimmen und die die Ordnung im Staat, im Haushalt und in der Seele des Individuums fördern.[6] Doch trotz ihrer Anziehungskraft als ein Werk, das einige Feinheiten in der philosophischen Behandlung der moralischen Wissenschaften ermöglichte, setzte die *Ethik* sich nur langsam als Textbuch in den Schulen durch. Es sind einige franziskanische und dominikanische Kommentare aus dem 14. und 15. Jahrhundert erhalten; doch dieser Aristoteles revolutionierte die Schulen nicht dermaßen wie die *Libri naturales.*

Die alten Motive waren vielleicht die langlebigsten. Bei den Kommentatoren in der Pariser Artistenfakultät im späten 13. Jahrhundert lebte in dieser neuen Arena akademischer Philosophie die Idee wieder auf, daß Philosophie eine wahre Führerin für das Leben ist. Dies blieb nicht unumstritten. Zu den 219 Thesen, die der Bischof von Paris 1277 verbot, gehörten einige, die kühne Ansprüche für Philosophen erhoben. Sie allein würden weise genannt; ihr Studium sei der bestmögliche Lebensstil. Dies konnte an einer christlichen Universität nicht erlaubt werden. Auch für die vier Tugenden Ciceros und Macrobius' hielt das Interesse im 13. Jahrhundert an. Arnulfus Provincialis nennt ein antikes Buch *Von den intellektuellen Tugenden,* das er offensichtlich selbst erfunden hat und das *intelligentia, sapientia* und *fronesis* unterscheidet. Dies sind die Stufen, auf denen der menschliche Verstand von bloßer Liebe zu Gott zu einem leidenschaftlichen Begehren Gottes aufsteigt. Sie sind Tugenden, weil sie die hochstrebenden Bewegungen der Seele sind, Entsprechungen jener Tugend *habitus,* mit denen wir unseren Körper beherrschen. Die Regulierung des Verstandes führt zu Klugheit und Gerechtigkeit; die Regulierung des Zornes führt zu Tapferkeit und die Regulierung des Begehrens zu Mäßigung (Lafleur, S. 335f.).

Spätmittelalterliche Philosophie machte einige Fortschritte im Hinblick auf die Idee des Gewissens. Im 13. Jahrhundert nimmt der Franziskanertheologe Bonaventura frühere Denktraditionen über die *synderesis* als eine Neigung oder Anlage *(dispositio)* zum Guten auf und identifiziert Gewissen als eine Fähigkeit, die moralischen Gesetze anzuerkennen oder wahrzunehmen. Thomas von Aquin stimmt damit überein, daß *synderesis* die natürliche Disposition des menschlichen Geistes zum Guten ist, welche es dem Gewissen ermöglicht, tätig zu werden. Das Gewissen wendet die Prinzipien an, die durch die *synderesis* erkannt wurden. Sowohl Bonaventura als auch Thomas von Aquin sind sich dessen bewußt, daß das Gewissen fehlbar ist. Doch keiner von ihnen nimmt an dieser Stelle seine Zuflucht zu augustinischen Erklärungen, rechnet also mit verderblichen Einwirkungen der Sünde auf das menschliche Denken. Beide ziehen es vielmehr vor, im Sinne von „falschen Voraussetzungen" und „irregeleitetem Denken" zu reden, und beide sind vor allem interessiert an den zugrundeliegenden Fragen nach dem Verpflichtungscharakter in solchen Sätzen *(propositiones),* die ein „(man ist) schuldig", „(man) sollte", „(man) muß" einschließen. Es ist hier vielleicht eine Absatzbewegung zu beobachten, weg von einer platonischen Vorliebe für Klarheit und Schönheit und das Licht rechten Vernunftgebrauchs im tugendhaften Geist hin zu einem aristotelischen Interesse am Mechanismus von Logik und Sprache, wie sie im Bereich der „Notwendigkeit" wirksam sind.

Philosophisch gesprochen kam die *Politik* spät nach Europa. Mit dem Ende des Römischen Reiches im Westen ging das städtische Leben, wie es die Antike gekannt hatte, sogar in Italien zugrunde, und in Nordeuropa regierte zunehmend das Feudalwesen. Das heißt, man war nach Stämmen organisiert, geführt von Königen und einer Militäraristokratie, die oft aus Analphabeten bestand und die wenigen für das System notwendigen Dokumente von einem Sekretariat anfertigen ließ: Urkunden, Verträge, Briefe für Verhandlungen. Königliche Haushalte waren ständig unterwegs und verbrauchten die Naturalabgaben an Schafen, Vieh und Feldfrüchten von denen, die ihr Land bewirtschafteten. Die Rechtspflege war nicht von der Art, daß sie die Dienste raffinierter Advokaten mit juristischer Ausbildung erforderte. Der wesentliche Apparat des griechischen und römischen Stadtlebens war eine gebildete Bürgerschaft von Männern gewesen, die für öffentliche Ämter geeignet waren und sich verpflichtet fühlten, sie wahrzunehmen; hinzu kamen ein Forum für öffentliche Debatten über politische Angelegenheiten und die Erwartung, daß Bürger für ihre Stadt kämpften, wenn es nötig war, aber daß Krieg nicht der Beruf und die einzige Beschäftigung eines Mannes war; besonders in Rom war die Rechtspflege Routinepflicht der Wohlgeborenen, die in einer rhetorischen Ausbildung forensische Fähigkeiten erlernten. Erst im Spätmittelalter brachte Europa in Italien wieder Bedingungen hervor, unter denen etwas Ähnliches im Stadtleben wieder erkennbar wurde.

Fast ein Jahrtausend lang – bis Wilhelm von Moerbeke um 1260 Aristoteles' *Politik* übersetzte – fehlte es im lateinischen Abendland an Textbüchern, die mehr als eine sehr oberflächliche Vorstellung vom politischen Charakter dieser verlorenen Welt geben konnten. Augustins *Civitas Dei* spiegelt sie wider, aber sie handelt von vielen Dingen von unmittelbarem Interesse für ihre frühmittelalterlichen Leser, zum Beispiel von Vorsehung, Magie, Engeln, Himmel und Hölle, klassischen philosophischen Denkschulen. Ciceros *De officiis, De amicitia, De senectute* und *De republica* vermittelten einige Eindrücke; doch konnte zum Beispiel sein Begriff von Bürgertugend natürlich nicht ansprechen, wo er keine Verbindung zu den Bedingungen der Zeit hatte. Eine Literatur über den idealen Fürsten hatte ihren Platz in der frühmittelalterlichen Gesellschaft; doch sie war nicht in erster Linie philosophisch inspiriert. Statt dessen hat sie mit der Nachahmung Christi und dem Beispiel christlicher Tugenden auf höchster Ebene zu tun.

Eine Ausnahme bei dem generellen Mangel an Interesse für politische Theorie vor dem Auftauchen der aristotelischen *Politik* stellt Johannes von Salisbury dar. Er verbrachte zwar den größten Teil seines Lebens in der Feudalgesellschaft Englands und Frankreichs, doch in seinem *Policraticus* schreibt er über die *respublica.* Sein Hauptanliegen war das Recht auf Ungehorsam gegenüber einem Tyrannen und auf dessen Absetzung. Er definiert den Tyrannen als einen, der nicht nach dem Recht herrscht; ein legitimer Herrscher muß das tun. Es gibt ciceronische Anklänge in seinem Gedanken, daß bei Hof eine *civilitas* kultiviert werden sollte, in der die Liebe zur Gerechtigkeit gleich groß ist wie die Vaterlandsliebe; der Höfling ist ein gebildeter Mann, der Freude an der Literatur hat und sein Leben, gewissermaßen philosophisch, auf der Suche nach Selbsterkenntnis verbringt. Es gibt allerdings auch einen erheblichen Einfluß christlicher Ideale vom vollkommenen Fürsten in Johannes' von Salisbury Beschreibung des Monarchen, der ein Abbild Gottes ist, und einen Einfluß alttestamentlicher Prinzipien in seiner Darstellung, wie Herrscher dem Gesetz unterworfen bleiben müssen. Er griff jene Zeitgenossen an, die aufgrund der Autorität römischer Gesetze sagten, der Fürst stehe über dem Gesetz. Seine Metaphorik vom Gemeinwesen mischt ebenfalls klassische und christliche Quellen.

Die Pionierarbeit des Johannes von Salisbury hat nicht Schule gemacht. Trotz der Grundlagen, die er geschaffen hatte, zeigen die ersten Versuche, Aristoteles' *Politik* zu kommentieren, wie sehr sie den Gelehrten des Mittelalters zuerst quer im Magen lag – obwohl die Bücher der *Ethik*, die u.a. von den Bürgertugenden handeln, im frühen 13. Jahrhundert relativ bekannt waren. Albertus Magnus fand es unmöglich, mehr zu tun als eine Klärung dessen zu versuchen, was Aristoteles gemeint habe. Thomas begann einen Kommentar, den Petrus von Auvergne zu Ende schrieb. Petrus greift Aristoteles' Aussagen über Königtum auf und betont zusätzlich, es sei nicht nur eine der akzeptablen Regierungsformen, sondern eindeutig die beste (was für einen Franzosen relativ natürlich war, für einen Italiener hingegen wohl weniger). Thomas hatte versucht, die *Politik* auf andere Weise zu „plazieren". In seiner Einleitung zu Buch I überlegt er, welche Art Wissenschaft die Politik sein müsse. Er hält die Philosophie erst für vollständig, wenn sie eine Disziplin umfaßt, die die Polis, den Stadtstaat, studiert; diese Disziplin aber ist sowohl praktisch als auch spekulativ; im einzelnen gehört sie eher zu den moralischen als den mechanischen Wissenschaften; sie ist die höchste der praktischen Wissenschaften, denn die Polis *(civitas)* ist das Wichtigste, das der menschliche Verstand zu leiten hat; außerdem handelt sie vom höchsten Gut in den menschlichen Angelegenheiten. In ihrer Methode ist die Politik spekulativ. Das heißt, sie studiert eine Einheit, analysiert sie und abstrahiert erste Prinzipien. Andererseits ist sie praktisch, weil sie zeigt, wie die vollkommene Stadt zu schaffen und zu erhalten ist.

Guido von Rimini schrieb seinen Kommentar am Anfang des 14. Jahrhunderts. Er hatte das Stadium erreicht, zu dem Kommentatoren von Aristoteles' anderen wiederentdeckten Schriften fast ein Jahrhundert früher gekommen waren: Er versuchte, christliche Forderungen gegen die Ideen des Philosophen abzuwägen. Er stellt fest, daß Christen eine Lehre natürlicher Sklaverei nicht ganz billigen können. Petrus von Auvergne nahm die Aufgabe in Angriff, aus dem Text der *Politik* „Fragen" abzuleiten, und im 14. Jahrhundert taten andere es ihm nach. Das warf ein Licht auf die Probleme, die die *Politik* ansprach, für Theologen ebenso wie für diejenigen, die vor allem Aristoteles für die mittelalterliche Gesellschaft zurechtbiegen wollten. Ist es besser, daß ein Weiser herrscht oder die Menge? Wenn die Menge zumindest Fürsten wählen und bestrafen sollte, sollte sie dann auch generell souveräne Autorität haben? Verschiedene Argumente werden ins Spiel gebracht, namentlich die Frage nach Tugend und Weisheit, die Machthaber besitzen sollten.[7]

Im Bereich der *Rechtsphilosophie* begegnen wir nicht der gleichen, großen Lücke zwischen der Antike und dem Erwachen des mittelalterlichen Interesses. Das Recht blieb eine Notwendigkeit in den barbarischen Königreichen, die das Römische Reich beerbten; viele ihrer Herrscher übernahmen auch römische Kodizes und wandelten sie ab. Ende des 11. Jahrhunderts begann die Begeisterung für die Rechtswissenschaft wieder zu erwachen. Ivo von Chartres mit seiner *Panormia,* Gratian in der nächsten Generation mit seinen *Dekreten,* dann eine Folge von Rechtsgelehrten an Schulen und Universitäten im 12. und 13. Jahrhundert machten die Jurisprudenz zu einem akademischen Fach. Hinter ihrer Arbeit standen christliche Annahmen: daß alles Recht und letztlich alle richtigen Gesetze von Gott kommen; daß das Gesetz der Nächstenliebe dem Individuum vorschreibt, seine eigenen Ansprüche zugunsten des Gemeinwohls aufzugeben. Die gute Regierung handelt innerhalb des Rahmens der ganzen Welt unter Gottes Vorsehung und sollte deren Mikrokosmos sein; und der gerechte Herrscher ist moralisch rechtschaffen, ein Mann von christlicher Tugend. Thomas beschreibt eine dreifache Hierarchie des Gesetzes. Darin steht ein unwandelbares göttliches Gesetz an der Spitze, darunter ein Naturrecht, das zum Gemeinwohl der Menschheit führt (daß ein Mensch nicht unwissend sein sollte, daß er die nicht schädigen sollte, die mit ihm in Gemeinschaft leben). Unten steht das menschliche Recht mit detaillierten Vorschriften, die mit dem Naturrecht harmonieren, aber unter veränderten Umständen verändert werden können.

Die platonischen und aristotelischen Kategorien, die das frühe christliche Denken so entscheidend geprägt hatten, blieben auch im Mittelalter allgegenwärtig. Wenn Dante in *De monarchia* und Marsilius von Padua im *Defensor pacis* bestrebt sind, von selbstevidenten Wahrheiten auszugehen und mit unanfechtbaren Argumenten zu ihren Schlüssen zu gelangen, so übernehmen sie viele Annahmen der antiken Philosophen. Die Vorstellung, daß die menschliche Gesellschaft Einheit und Frieden braucht, um zu gedeihen, scheint Dante eine leicht beweisbare Wahrheit zu sein, wenn man von dem Prinzip ausgeht, daß man nach dem Zweck des menschlichen Lebens auf Erden forschen muß. Er tut dies mit aristotelischen Begriffen. Gott und die Natur tun nichts vergeblich. Alles, was geschaffen wird, hat einen Zweck oder eine Funktion. Geschaffenes existiert nicht um seiner selbst willen, sondern zu einem Ziel und Zweck. Ein Individuum hat eine andere Bestimmung oder Funktion als eine organisierte Menge von Individuen. Wenn wir dieses kollektive oder gemeinschaftliche Ziel identifizieren wollen, müssen wir nach dem Merkmal suchen, das die *species* unterscheidet. Nur der Mensch hat die Fähigkeit, geistig zu wachsen (denn die Engel, die ebenfalls vernunftbegabte Wesen sind, wachsen nicht an Verständnis). Deshalb muß es die eigentliche Aufgabe der Menschheit sein, diese Fähigkeit auszuüben. Der einzelne Mensch stellt fest, daß er in Ruhe an Weisheit zunimmt. Sie muß deshalb für die Menschheit als Ganzes notwendige Voraussetzung für dieses Wachstum sein. Der Friede wird in einer Gemeinschaft am besten durch eine Regierung gewahrt, die ihr Einheit geben kann *(De monarchia* I.3f.). Diese bekannten Themen – die Notwendigkeit von Frieden, Einheit, Ordnung, die menschliche Vernunftbegabung, der Zweck des Geschaffenen – brauchte er seinen Lesern nicht erst nahezubringen. Dante konnte davon ausgehen, daß sie generell akzeptiert wurden.

Ähnlich hält uns Marsilius in seinem *Defensor pacis* den Frieden als Ziel des Staates vor Augen. Diesen definiert er als den Zustand des Staates, der es seinen Teilen ermöglicht, zu funktionieren, wie sie sollten. Deshalb fragt er, was die Ursache oder der Zweck jedes Teiles ist, und wie ihre Beziehung zueinander geordnet ist *(Dictio* I.iii).

Marsilius machte das Experiment eines Versuchs, seine Schlüsse zu zeitlich-weltlichen Aspekten der Regierung durch reine Verstandesgründe zu beweisen; in seiner zweiten Dictio hingegen, über den Platz der Kirche in der Gesellschaft, zitiert er „Autoritäten" (vgl. I.i.8). In der ersten betrachtet er Ursprung und Zielursache des Staates in bezug auf seine Funktion, den Frieden zu wahren. Seine Darstellung des Ursprungs des Staates, wie er sich aus dem einzelnen Haushalt über immer größere Gemeinschaften zum Besten des Gemeinwohls entwickelt, ist stark an Aristoteles' *Politik* und die *Nikomachische Ethik* angelehnt. Auch die Erklärung der Zielursache oder des Zweckes des Staates sucht er bei Aristoteles. Er ist tief beeindruckt von Aristoteles' Bemerkung in *Politik* I.i, daß die „vollkommene Gemeinschaft", die in Selbstgenügsamkeit leben kann, „um des Lebens willen entstand, aber um des (sittlich) guten Lebens willen besteht". Der Staat, glaubt Marsilius, ermöglicht es der Menschheit, auf einem höheren Niveau als die Tiere zu leben, das der menschlichen Würde angemessen ist und bei dem vernunftbegabte Wesen die Ausübung ihrer höheren Möglichkeiten im Denken wie im Tun genießen (I.iv.1). Abweichend von Aristoteles meint er jedoch, die Gesellschaft entstehe in erster Linie aufgrund biologischer Bedürfnisse, und eine Regierung sei notwendig wegen der menschlichen Streitlust, die immer zum Zusammenbruch der Gesellschaft führe, wenn sie nicht gezügelt werde.

Von diesem Prinzip leitet er Argumente für die Notwendigkeit ab, daß der Staat eine Reihe von „Teilen" *(partes)* hat. Es muß einen Maßstab der Gerechtigkeit geben, und einen Hüter, der diesen Maßstab setzt. Es muß ein Organ des Staates geben, das die Macht hat, Übeltäter in Schach zu halten, die gegen den Maßstab der Gerechtigkeit verstoßen. Es muß für verschiedene praktische Bedürfnisse gesorgt sein, die in Frieden und Krieg unterschiedlich sind. Außerdem muß für geistliche Bedürfnisse gesorgt sein; denn Marsilius' Staat hat die christliche Hoffnung auf ein ewiges Leben, die der des Aristoteles nicht haben konnte.

Marsilius greift jedoch wieder auf Aristoteles zurück, wenn er versucht, die Teile des Staates genauer aufzuzählen (I.v). Aristoteles gibt ihm sechs vor: Ackerbau, Handwerk, Militär, Finanzen, Priestertum, Recht oder Entscheidungen *(Politik* VII.8.1328b2ff.). Marsilius sieht darin drei „ehrenhafte" und drei gewöhnliche Funktionen. Nur der priesterliche, der militärische und der richterliche „Teil" seien im strengen Sinn Teile des Staates; die anderen seien notwendig, aber auf einem Niveau, das sie allein dem gemeinen Volk *(vulgaris)* zuweist (vgl. Aristoteles, loc. cit.). Aristoteles' sechs Formen der Regierung zieht er zwar in Betracht; doch kommt er zu dem Schluß, eine königliche Monarchie sei das Beste, und die Kriterien des guten Regierens sind für Marsilius an bestimmten Stellen wieder entscheidend anders als bei Aristoteles. Er ist für die Wahl des Monarchen durch den Willen des Volkes. Das Volk als Ganzes – oder was Marsilius die *valentior pars* (den bedeutsameren Teil) nannte: der Teil der Bürgerschaft, der für die „ehrenhaften" Funktionen verantwortlich ist – ist der Gesetzgeber, die primäre Wirkursache des Gesetzes (I.xii). Er macht das Gesetz, indem er den Willen der Gemeinschaft in der allgemeinen Versammlung ausdrückt. Der Monarch wird gewählt, um dem so entstandenen Gesetz Geltung zu verschaffen; er muß ein Mann von Klugheit und Güte sein, sagt Marsilius (I.xiv); er wird auch die Macht haben, Zwang auszuüben, und zu diesem Zweck über eine Armee verfügen, denn es wird immer Konflikte geben.

So konstruiert Marsilius aus Aristoteles, seinen eigenen Beobachtungen des sozialen und politischen Verhaltens der Menschen und einer Reihe christlicher Annahmen eine Theorie der weltlichen Regierung, die auf der Behauptung fußt, daß der Staat ein Ausdruck der menschlichen Vernunftbegabung ist; daß er dazu bestimmt ist, den Menschen ein Leben nach ihren höchsten Fähigkeiten als vernunftbegabte Wesen zu ermöglichen; daß die wichtigste Funktion politischer Macht Kontrolle in Konfliktfällen ist, daß sie dafür Zwangsmittel haben muß und die einzig legitime Quelle dieser Macht der Wille des Volkes ist, den es ausdrückt, indem es Gesetze macht und die Regierungsverantwortung einem Monarchen anvertraut.

Der Fragenkomplex der Beziehung zwischen Kirche und Staat berührte die Philosophie nach Ansicht des Marsilius nur am Rande. Aber er war theologisch von großer Bedeutung, weil er viel dazu beitrug, die ekklesiologische Reflexion des Mittelalters zu formen. Im späten 11. Jahrhundert hatte Papst Gregor VII. die Machtbalance verändert, indem er die Überlegenheit der geistlichen über die weltlich-zeitliche Sphäre behauptete. Das ließ sich verteidigen unter Berufung auf die sog. *„Konstantinische Schenkung" (Donatio Constantini),* in welcher die kaiserliche Gewalt ein Gutteil an Macht der geistlichen Gewalt überlassen hatte; man hatte noch nicht entdeckt, daß es sich dabei um eine Fälschung des karolingischen Zeitalters handelte. Während des 12. Jahrhunderts weiteten sich die päpstlichen Ansprüche aus. Bernhard von Clairvaux schrieb ein Buch „Über die Beschauung" *(De consideratione)* und widmete es Eugen III., dem Papst, der einstmals einer seiner Zisterziensermönche gewesen war. In diesem Buch wird argumentiert, daß sich geistliche Gewalt, wie sie sich im Bischof von Rom wie in einem Brennpunkt sammelt, über alle Dinge auf Erden erstreckt und einen herausgehobenen Stand in der himmlischen Hierarchie besitzt.

Es gibt ein ganzes Bündel von Traktaten aus dem späten 13. und frühen 14. Jahrhundert, die, in Auftrag gegeben von politisch Verantwortlichen der Zeit, einen Beitrag zu dieser Debatte vom Standpunkt akademisch-philosophisch gebildeter Autoren leisten. Dantes *„Über die Alleinherrschaft" (De monarchia)* setzt sich energisch für die Wiederherstellung eines Universalkaisertums ein, der Funktion eines weltlichen „Primas", der im Stande ist, dem geistlichen Paroli zu bieten; sein Vorbild ist das kaiserliche Rom. Johannes (Quidort) von Paris handelte *„Von königlicher und päpstlicher Gewalt" (De regia potestate et papali)* im Zusammenhang des Konflikts zwischen Philipp dem Schönen von Frankreich und Papst Bonifaz VIII. über die Besteuerung des Klerus und seines Besitzes. Auf dem Spiele stand hier die Frage der Souveränität. Johannes von Paris argumentiert (mit erheblicher Rückendeckung des Aquinaten), daß der Papst von Christus keinerlei Jurisdiktion über das Eigentum von Laien und so auch keine Rechtsgewalt in weltlichen Angelegenheiten verliehen bekommen habe. Er sagt, die „Konstantinische Schenkung" könne den König von Frankreich in keinem Falle binden. Er unterstützt so „gallikanische" Tendenzen und Ambitionen in der Ansicht, die französische Krone sei von der kirchlichen Autorität unabhängig in weltlichen (und in bestimmtem Umfang auch in geistlichen) Angelegenheiten. Was für das späte Mittelalter vielleicht am wichtigsten ist: Er argumentiert, daß der Papst abgesetzt werden kann. Seine Begründung lautet, daß die Gesamtkirche, die durch das Kollegium der Kardinäle handele, den Papst bestimme und ihn deshalb auch absetzen könne (24). Wir bewegen uns hier auf eine Ekklesiologie zu, welche die Kirche im ganzen als Volk Gottes betrachtet, das da im allgemeinen Konsens handelt, und nichts weniger im Sinn hat, als daß der Klerus und *a fortiori* der Papst von Gott mit der persönlichen Vollmacht betraut seien, namens der Kirche tätig werden.

Marsilius von Padua war ein Radikaler. Er behauptete, die Kirche sei lediglich ein Organ des Staates. Sie ist ein Teil des Staates, und zwar ein notwendiger, aber sie untersteht der Macht des weltlichen Systems. Ihr Zweck ist es, den geistlichen Bedürfnissen der Bürger zu dienen, damit sie in der Ewigkeit das „befriedigende Leben" erlangen, das ein Rest an staatlicher Fürsorge ihnen in dieser Welt ermöglicht (*Dictio* II). Für diese Ansicht wurde er von den kirchlichen Autoritäten verständlicherweise verurteilt, aber sie war ein neuer und einflußreicher Beitrag zu der langwierigen mittelalterlichen Auseinandersetzung über die Stellung von Kirche und Staat in den Strukturen der Macht.

Marsilius lieferte Wyclif Stoff zum Nachdenken, genauso wie es Wilhelm von Ockham († 1347/49) tat, ein radikaler Franziskaner, der um seiner Ansicht willen exkommuniziert wurde. Er ließ sich, genauso wie Marsilius, in die Auseinandersetzung Kirche – Staat hineinziehen, weil er ein Kritiker des zeitgenössischen Papsttums war. Im besonderen plädierte er für die apostolische Armut und gegen Theorien über päpstliche Besitzrechte (ein Gegenstand, der während des 13. Jahrhunderts zu erbitterten Kontroversen Anlaß gegeben hatte); und er war der Meinung, daß ein Papst, der zum Häretiker werde, automatisch seiner geistlichen Vollmacht verlustig gehe. Diese Lehre schloß in sich eine Bestreitung der zeitgenössischen Ansicht, nach der der Papst die letzte Autorität war, an der sich Orthodoxie in Sachen des Glaubens zu beweisen hatte. Auch hier wurde Material zusammengehäuft, von dem die Wycliffiten Gebrauch machen konnten.

Wyclif selbst entwickelte aus dem allen eine Theorie des *dominium terrae* (Beherrschung der Erde), welche auf dem Gedanken basierte, daß das gesamte gottgläubige Volk die Welt und ihre Güter gemeinsam besitze und daß alle einander Herren und Knechte zu sein hätten.

Die Themen aus Ethik und Politik, die die Aufmerksamkeit christlicher Gelehrter am meisten fesselten, waren vielleicht die Tugend und das Glück. Aristoteles sieht als Ziel des tugendhaften Lebens ein menschliches Glück, das mit Anstrengung erreicht werden kann, und zwar in diesem Leben (*Ethica Nicomachea* I.6,1096b34). Es war seinen Kommentatoren nicht immer klar, daß dies seine Botschaft war. Ein Pariser Magister der Freien Künste erweckte Ende der 1230er Jahre in seinen Vorlesungen den Eindruck, Aristoteles habe gedacht, daß *beatitudo* nicht erst geschaffen werden müsse; sie existiere einfach, und der Mensch müsse nur zu ihr gelangen.[8] Arnulfus Provincialis sah bei Aristoteles zwei verschiedene Arten von Gutem. Tugend wird durch menschliches Bemühen erlangt. Glückseligkeit wird nicht durch menschliches Bemühen geschaffen, aber ein Mensch kann durch gute Werke zu ihr gelangen.[9]

Bis auf eines waren sich Philosophen und christliche Theologen einig. Ziel des Lebens ist die Glückseligkeit, und Tugend führt zu wahrem Glück. Für die antiken Philosophen hatten diesseitige Überlegungen aber unweigerlich einen anderen Stellenwert als für Christen. Platoniker konnten das höchste Glück in der Betrachtung des höchsten Gottes sehen, in Freiheit von den Störungen, die das Verhaftetsein mit fleischlichen Freuden brachte (und die Stoiker konnten dem teilweise zustimmen); aber es gab keine genaue philosophische Entsprechung für den christlichen Glauben an ein künftiges Leben, in dem man die volle Glückseligkeit genießen und von allen Belastungen frei sein würde. Entsprechend hatten die Philosophen – hier namentlich Aristoteles – die Vervollkommnung des einzelnen Menschen betont; dies paßte weitgehend zu den christlichen Vorstellungen, es gab jedoch wichtige Unterschiede, was den Charakter dieser Vervollkommnung betraf. Aristoteles' vollkommener Mensch ist ein soziales und politisches Wesen und vor allem ein guter Bürger; seine Tugenden sind die, welche das Wohl der politischen Gemeinschaft fördern; Ciceros guter Bürger ist ihm – mit römischen Einschränkungen – sehr ähnlich. Augustinus glaubte, der Mensch sei nicht von Natur aus ein soziales und politisches Wesen, aber durch den Sündenfall dazu verpflichtet; denn seinetwegen mußte Gott für soziale Strukturen und eine Regierung sorgen, um den Menschen vor den Folgen der Anarchie zu bewahren. Wenn der Mensch durch Gnade erlöst ist, ist er von Natur aus und eigentlich ein Bürger des Himmels.

Mittelalterliche Kritiker räumten oft ein, daß der Mensch von Natur aus mindestens ein soziales, wenn nicht ein politisches Wesen sei – so Gottfried von Fontaines und Heinrich von Gent in den letzten Jahrzehnten des 13. Jahrhunderts.

Der Vollkommene *(perfectus homo)* ist für den in der christlichen Tradition schreibenden Alain von Lille vor allem Bürger des Himmels. Er ist wie Christus. Seine Vollkommenheit ist eine Freiheit von Sünde und deren Folgen; die Vollkommenheit des Bürgers der „Philosophen" besteht in Rechtschaffenheit, Ausgeglichenheit, Vernünftigkeit und darin, daß er das Gemeinwohl an die erste Stelle setzt – ein Gedanke, den Roger Bacon und Thomas nur unterstützen konnten. Der gute Mensch der Philosophen dient aus seinem Bürgersinn heraus seiner Stadt im Krieg oder in der Politik; der Bürgersinn des Christen ist das Wissen, Augustins *civitas dei* anzugehören, der *koinonia* des Neuen Testaments.

Anselms Beschreibungen der *beatitudo* fassen die christliche Sicht zusammen. In den Schlußkapiteln seines *Proslogion* beschreibt er, wie es sein wird, wenn man das höchste Gut genießt, Gott selbst. Alles körperlich und seelisch Gute wird in diesem Genuß eingeschlossen sein, jeder unschuldige Genuß, der auf Erden bekannt ist, in unermeßlicher Fülle. Alle, die Gott lieben, werden in einer Liebe verbunden sein, in der sie ihn, sich selbst und einander lieben und in der Gott sich selbst und sein Volk durch sich selbst liebt. Es wird vollkommener Friede herrschen; denn alle werden mit *einem* Willen wollen. Die Freude wird überströmen; denn jeder wird in der Freude des anderen frohlocken. Die Leiter des Guten, mit der das *Monologion* beginnt und die den Geist und die Seele zum höchsten Gut führt, ist hier vor Augen, und für Anselm sind irdische und himmlische Güter nicht nur niedere Dinge, die die aufsteigende Seele hinter sich läßt. Für ihn wie für Augustinus sind sie von Gott geschaffen und daher gut in sich selbst.

Anmerkungen

1 Z.B. C.H. Talbot, *Florilegium morale Oxoniense,* in: *Analecta Medievalia Namurcensia* VI, 1956, S. 12f. und R. Quadri, *I Collectanea di Eirico di Auxerre,* in: *Spicilegium Friburgense* XI, Freiburg 1966.

2 Guillaume de Conches, *Das Moralium Dogma philosophorum,* ed. J. Holmberg , Uppsala 1929.

3 PL 168, 1307–1634; hier: 1401ff., *De gloria et honore Filii hominis.*

4 *Textes inédits d'Alain de Lille,* ed. M.T. d'Alverny, Paris 1965, S. 61–64.

5 Vgl. die Schemata des 12. Jahrhunderts.

6 Vgl. R.A. Gautier, „Cours sur *l'Ethica Nova*", AHDLMA 1975, S. 141.

7 Vgl. P. de L'apparent, „L'Oeuvre politique de François de Meyronns, ses rapports avec celle de Dante", AHDLMA 1940, S. 5–152.

8 R.A. Gautier, „Le Cours sur *l'Ethica Nova* d'un maître ès arts de Paris (1235–40), AHDLMA 1975, S. 71–141.

9 Ders. „Arnould de Provence et la doctrine de la fronesis", *Revue du moyen âge latin* 19, 1963, S. 139.

Schluß

Aristoteles argumentiert in der *Zweiten Analytik,* jede Sphäre des Wissens sei eine eigene *disciplina* mit eigenen ersten Prinzipien und Regeln. Bei Philosophie und Theologie waren die Grenzen im frühen Christentum und im Mittelalter oft umstritten, und die Praxis zeigte, daß viele Themen für beide Disziplinen wichtig waren. Nach dem 5. und 6. Jahrhundert waren die besten Köpfe in Ost und West zumeist Christen, und christliche Gelehrte, die Philosophie betrieben, verstanden sich nicht in erster Linie als „Philosophen". Die originellsten philosophischen Gedanken waren tatsächlich oft christlich und theologisch, und das machte die Unterscheidung zwischen den beiden Wissenschaften zunehmend künstlich.

Dennoch waren Begegnungen der beiden auf ihrem gemeinsamen Gebiet von Zeit zu Zeit Anlaß großer Feindseligkeit. Wie wir sahen, trat die langwierige Debatte über die Angemessenheit der Verwendung von Philosophie beim theologischen Forschen gewöhnlich nach solchen schmerzhaften Zusammenstößen in eine ihrer aktiven Phasen ein. Besonders spürbar war dies in der Zeit, nachdem Aristoteles' *Libri naturales* im 13. Jahrhundert im Westen wieder eingeführt wurden; in dieser Zeit verlagerte sich die Diskussion auf ein, philosophisch gesehen, viel technischeres Niveau; der Anspruch, die Philosophie sei die Magd der Theologie, ließ sich nur schwer aufrechterhalten, weil fast alle wichtigen Beteiligten auf beiden Seiten eigentlich Theologen waren.

Dennoch kam die Philosophie Mitte des 13. Jahrhunderts an den neuen Universitäten als eigene akademische Disziplin zur Geltung. Ihr unabhängiges Aufblühen war von kurzer Dauer und überschattet von drängenden Fragen nach ihrer Beziehung zu den bekannten Disziplinen, für die der Lehrplan schon einen festen Platz vorsah: den Freien Künsten und der Theologie. 1277 war die Spannung so groß geworden, daß eine Reihe von Aussagen durch bischöfliche Autorität als unvereinbar mit der christlichen Orthodoxie und ungeeignet, in den Schulen auch nur diskutiert zu werden, verboten wurden. Dies Verbot markierte den Höhepunkt einer Krise in der langen Geschichte der schwierigen Beziehung zwischen christlicher Theologie und Philosophie. Es warf außerdem ein grelles Licht auf einige der Probleme, die aufgekommen waren, seit Augustinus seine eigene Lösung formuliert hatte, und die, wie wir sahen, in vielerlei Hinsicht typisch mittelalterlich waren.

Die antike Beschäftigung der Naturwissenschaftler-Philosophen mit der Unterscheidung zwischen theoretischen und praktischen Wissenschaften blieb bestehen. Es blieb ein Gefühl, daß die Theorie immer über der Praxis stand und Wissenschaften mit praktischer Anwendung – wie die Politik – am besten theoretisch zu behandeln seien, indem man von ersten Prinzipien ausging statt von Beobachtungen. Die Triade Physik, Mathematik und Theologie hielt sich ebenso wie ihre Tendenz, das Studium der Physik zu beherrschen. Das hinderte diese nicht daran, gewisse Fortschritte zu machen, obwohl die arabische Wissenschaft stark dominierte und ihre Verbindung mit den philosophischen Vorläufern im griechischen Denken aufrecht erhielt. Schon im 9. Jahrhundert machte Al-Khwarizmi einen Anfang in der Algebra, und westliche Mathematiker des Spätmittelalters entwickelten seine Arbeit weiter. Johannes Campano von Novara zeigt im 13. Jahrhundert in seinem Kommentar über Euklids *Elementa,* daß er die Harmonie der Proportion kannte, die später als „der goldene Schnitt“ bekannt wurde. Nominalisten verfolgten Alternativen zu den klassischen Verursachungstheorien bei der Erklärung der Stoßkraft. Unter den Physikern im 13. Jahrhundert schrieb Petrus Hispanus, besser bekannt als Autor eines Standard-Textbuches über Logik, auch über die Wissenschaftstheorie. Er versuchte, die *via experimenti* und die *via rationis* zu versöhnen, einen Platz für die experimentelle Methode zu finden, ohne die spekulative Methode zunichte zu machen. Arnold von Villanova († 1311) lehrte in Montpellier und war Hofarzt der Könige von Aragon und des Papstes. Er führte Experimente durch, in denen Alchimie und Magie sich mit Physik mischten. Dieser Hang, den Unrat des Aberglaubens mit reiner Wissenschaft zu vermengen, war immer gefährlich für Gelehrte, die gern experimentierten, und er behinderte den Fortschritt der Naturwissenschaften einige Jahrhunderte lang.

Gegen Ende des Mittelalters änderte sich die Auffassung von der Antike und damit auch vom Stellenwert der Philosophie. Spätestens vom 14. Jahrhundert an und möglicherweise schon früher las man die klassische Literatur mit einem breiteren Bewußtsein für die Kultur, die sie verkörperte, nicht nur als Steinbruch, aus dem man sich bediente, wann immer es galt, ein Argument zu illustrieren oder zu stützen. Bei dieser Bewegung stand die philosophische Literatur neben der Geschichte und der Dichtung. Ciceros Redekunst und seine Philosophie konnten ebenso wegen ihres Stils als wegen ihres Inhalts gelesen werden. Man kann vielleicht nicht sagen, daß die ersten Humanisten eine völlig klare Vorstellung oder gar ein objektives Bild von der Antike hatten. Es gibt Anzeichen für eine gewisse Romantisierung der *Romanitas* und für die Idee der klassischen Periode als goldenem Zeitalter in Denken und Ausdruck, zu dem die Modernen nur wehmütig zurückstreben konnten. Juan Luis Vives, einer der Pariser Gelehrten im frühen 16. Jahrhundert, nahm zum Beispiel wie viele Humanisten seiner Zeit an, daß das Volk, das zuerst Latein sprach, bestimmte, was gutes Latein war. Es gab kein wirkliches Gefühl für die Entwicklung der Sprache, den Prozeß, in dem neue Sprachformen guter Stil werden. Melanchthon sah (wie Quintilian) ein Wort als so etwas wie eine Münze an. Es durfte nicht gefälscht sein. Es mußte seinem Wert treu sein. Der Benutzer mußte es so an die weitergeben, die es nach ihm benutzten, daß es den „wahren“ Wert behielt, den es ursprünglich gehabt hatte.

Der Drang zurück zu den Quellen bestand auch in anderen Bereichen. Bibelforscher begannen, Manuskripte der griechischen und hebräischen Texte aufzusuchen, um zu den *fontes* zurückzukehren, und besonders das Studium des Griechischen eröffnete den Abendländern mehr als je seit dem Ende des Römischen Reiches den Charakter der altgriechischen Kultur und Philosophie. Ein klassisches Ideal, so wie er es empfand und verstand, nachahmend, war der Gebildete bestrebt, ein „Renaissance-Mensch“ zu sein: eher kultiviert als gelehrt *(cultus* statt *doctus),* urban, verfeinert – und geneigt, sich über die mechanische Mühsal der scholastischen Methode lustig zu machen und das Lateinische, wie die spätmittelalterliche Scholastik es verwendete, als barbarisch und verkommen zu betrachten.

Paradoxerweise mäßigte dies den oft unkritischen Respekt, den man im ganzen Mittelalter allgemein den antiken *auctores* entgegengebracht hatte. Die neue Gelehrsamkeit brachte ihre Anhänger dazu, frühere Autoren als „bloße Menschen“ zu sehen, wie sie selbst waren, die Fehler machen konnten. Dem sollte man Bernhards von Chartres berühmten Ausspruch aus dem 12. Jahrhundert gegenüberstellen, selbst die größten Gelehrten seiner eigenen Zeit seien nur Zwerge, die auf den Schultern der Riesen des Altertums säßen; selbst wenn sie vielleicht weiter sehen konnten als ihre Vorgänger, dann nur deshalb, weil sie auf den „Schultern“ *ihrer* gewaltigen Arbeit so hoch gehoben worden waren. Lorenzo Valla spricht im 14. Jahrhundert von Priscian und Porphyrius wie von sterblichen Mitmenschen, die für ihre wissenschaftlichen Fehler kritisiert werden können wie jeder Zeitgenosse. Rudolf Agricola schreibt: „Aristoteles war ein Mensch von überragender Intelligenz, Gelehrsamkeit und Beredtheit; dennoch war er nur ein Mensch.“ Erasmus fühlte sich frei, auf Fehler bei Hilarius von Poitiers oder Augustinus hinzuweisen; denn sie seien „sehr große Menschen, aber letztlich nur Menschen“.

Diese Tendenzen wurden im 15. und frühen 16. Jahrhundert zusehends stärker; sie liefen parallel zu einer stetigen Fortführung der mittelalterlichen Arbeitsweise. Tatsächlich wurden im späten 15. Jahrhundert an einigen deutschen Universitäten humanistische Kurse am Rand des Lehrplanes gehalten. Einige Jahrzehnte lang wurden zwei Arten von Textbüchern für Grammatik und Logik produziert: die alten und die technisch vereinfachten neuen, die beanspruchten, allen nutzlosen Ballast wegzulassen und das Wesentliche zu bringen. Petrus Ramus' Aristoteles-Neubearbeitung ist vielleicht das einflußreichste Buch der zweiten Gruppe. Universitäten wie Wittenberg, die in der ersten Hälfte des 16. Jahrhunderts die Führung im Studium des Griechischen übernahmen und die neuen Methoden des Grammatik- und Logik-Unterrichs förderten, veranstalteten weiterhin auch *disputationes* im spätmittelalterlichen Stil. Im 16. Jahrhundert und danach lehnten die protestantischen Gelehrten die Scholastik lautstark ab; in der römisch-katholischen Bildungstradition wurden (und werden – in gewissem Maße) ihre Methoden hingegen weiterhin angewandt. De facto dauerte es auch in protestantischen Gemeinschaften einige Generationen, bis der Einfluß spätmittelalterlicher Methoden verschwunden war.

Die im Hochmittelalter neu hinzugekommene aristotelische Logik und Naturwissenschaft war nachgerade in ein System absorbiert worden, das die Welt und ihr Funktionieren erklärte und allgemeine Lehre geworden war. Die Ordnung sah man als Schutz gegen Konflikte und dagegen, daß sich am Ende alles in Chaos auflöst. Dies gilt für die Ordnung der natürlichen Welt ebenso wie für die Ordnung der menschlichen Gesellschaft. Friede, Harmonie, Unwandelbarkeit sind hier ebenso das höchste Gut wie für die ersten Platoniker. All dies kann ohne Bezug zur Sünde und zu der christlichen Lehre ausgesagt werden, daß alle Ungeordnetheit aus der Sünde kommt; andererseits stehen diese Aussagen aber auch nicht im Konflikt mit den christlichen Überzeugungen. Hierarchie gehört zu diesem System. Sogar die Elemente Feuer, Luft, Erde und Wasser rangieren an ihrem Platz in der Welt. Alles Geschaffene hat seinen Platz und Zweck; das Niedere ist da, um dem Höheren zu dienen. So, wie bei den Pflanzen die Bäume höher aufragen als Kräuter, so sind in der menschlichen Gesellschaft manche zum Herrschen geboren und manche zum Dienen. „Es kann nicht Ordnung genannt werden, wenn es sie nicht in Stufen enthält, hoch und niedrig, nach dem Verdienst oder Ansehen dessen, was geordnet ist“, kommentiert der englische Elisabethaner Elyot im ersten Kapitel des *Governor.*[1]

Die Theologie hatte im Spätmittelalter neue Anliegen. Die alten Gebiete der Überschneidung mit der Philosophie wurden nicht aufgegeben. Fragen nach Sein und Substanz und den Erkenntniskräften vernunftbegabter Wesen wurden nicht vernachlässigt;

ihre Behandlung erklomm vielmehr neue Höhen der Subtilität. Doch die Ereignisse der Zeit machten die Ekklesiologie interessant. Die Konzilsbewegung und der päpstliche Widerstand gegen Versuche, die Ansprüche auf päpstliche Machtfülle einzuschränken, lenkten im 14. und 15. Jahrhundert die Aufmerksamkeit auf Theorien, wer in der Kirche (letztlich) zu entscheiden hat. Die Theologie der Sakramente, besonders in bezug auf Eucharistie, Buße und Ablaß, war ebenfalls in der Entwicklung begriffen; durch die Herausforderung Luthers und seiner Zeitgenossen sollte sie im 16. Jahrhundert lange ein zentraler Brennpunkt der Aufmerksamkeit bleiben. In beiden Bereichen kamen Probleme der kirchlichen Autorität mit nie gekannter Intensität auf, und hier konnte die antike Philosophie nur auf der Ebene der methodologischen Grundfragen etwas beitragen.

In der Lehre über den Menschen hatte es vom 12. Jahrhundert an eine „Entdeckung des Individuums" gegeben.[2] Die Literatur des früheren Mittelalters beschreibt, wie die der Antike, den typischen Vertreter einer „Klasse" von Guten oder Tapferen, Bösen oder Narren, den tugendhaften Bürger, den wohlmeinenden Herrscher, den Philosophen und so fort. Heiligenviten wurden im späten 11. Jahrhundert oft von beauftragten Hagiographen geschrieben, die ihre Heiligen ohne Rücksicht auf wirkliche persönliche Unterschiede mit allen üblichen Eigenschaften ausschmückten. Durch ihre Beschäftigung mit den Dauerthemen der philosophischen Diskussion seit den Griechen erhielten die mittelalterlichen Theologen die klassische Tradition am Leben. Zweifellos taten sie jedoch in einigen Bereichen mehr. Sie erweiterten den Horizont und die technischen Möglichkeiten der aristotelischen Logik. Sie drangen weit tiefer als Aristoteles oder die römischen Grammatiker in Natur und Verhalten natürlicher Sprachen ein. Sie verfeinerten sowohl das Vokabular als auch die Begriffe der Rede vom göttlichen „Sein". Sie brachten philosophische Kategorien in die Diskussion um Kirche und Sakramente ein. Sie schufen eine enorme Masse neuer Schriften von höchstem Scharfsinn und Erfindungsreichtum. Einige ihrer Arbeiten sind heute von weit mehr als nur antiquarischem Interesse, besonders in der Sprachphilosophie.

Vielleicht können wir vor allem sagen, daß die philosophische Theologie aufgrund der mittelalterlichen Bemühungen tausend Jahre lang lebendig blieb und wuchs und daß das Mittelalter auf diese Weise ein Erbe weitergab, indem es sein Talent nicht vergrub, sondern nutzte und mehrte. Und es ist von nicht geringer Bedeutung, daß aus den Wirren der neuen Gegenüberstellung von mittelalterlichem und antikem Weltbild im 16. Jahrhundert die moderne Theologie und Philosophie entsprang.

Anmerkungen

1 Vgl. auch E.M.W. Tillyard, *The Elizabethan World Picture,* London 1943, Nachdruck 1963, S. 21.
2 C. Morris, *The Discovery of the Individual,* London 1972.

Texte

Die klassischen Quellentexte sind in großem Umfang bequem zugänglich in der „Loeb Classical Library", welche die griechischen oder lateinischen Originale zusammen mit englischen Übersetzungen bietet. Im Deutschen muß man etwas mehr suchen, findet aber in aller Regel zuverlässige Übersetzungen und kritisch gesicherte Texte zu allen wichtigen klassischen Philosophen. Genannt sei nur die „Deutsche Aristoteles Gesamtausgabe" (Hg. E. Krumach/H. Flashar) des Akademieverlages (Berlin) und der Wissenschaftlichen Buchgesellschaft (Darmstadt), die griechisch-deutsche Ausgabe von Platons „Sämtlichen Werken" (Hg. v. K. Hülser mit der Übersetzung von F. Schleiermacher/F. Susemihl) des Inselverlages und die griechisch-deutsche Ausgabe von Plotins „Schriften" (Hg. v. R. Harder) des Meiner Verlages, dessen „Philosophische Bibliothek" ohnehin am ehesten der „Loeb"-Reihe entspricht. Was mittelalterliche Autoren anlangt, so ist die Lage im Englischen wie im Deutschen wesentlich schwieriger, zumal wichtige Texte noch gar nicht ediert oder aber nur in unzulänglichen älteren Ausgaben verfügbar sind. Immerhin sind so herausragende mittelalterliche Denker wie Anselm von Canterbury und Thomas von Aquin in zuverlässigen Textausgaben zu studieren. Vom theologischen Hauptwerk des Thomas, der „Summa Theologiae" existiert auch weitgehend eine deutsch-lateinische Ausgabe („Deutsche Thomas-Ausgabe", Gras – Wien – Köln 1934ff.). Auch sind (zweisprachige oder nur übersetzte) Einzelausgaben erschienen oder in Vorbereitung (vor allem bei der Wissenschaftlichen Buchgesellschaft – Darmstadt, in der „Philosophischen Bibliothek des F. Meiner-Verlages und in der französischen Reihe „Sources Chrétiennes"); auch ist ein Corpus in Angriff genommen worden, das unter Leitung von K. Flasch/L. Sturlese Texte weniger bekannter deutscher Philosophen des Mittelalters vorlegen soll (es erscheint ebenfalls bei F. Meiner). Über den aktuellen Stand informiert man sich am besten anhand des „Lexikons des Mittelalters" (Stuttgart 1980ff.) und anderer Sachwörterbücher (wie der seit 1977 erscheinenden „Theologischen Realenzyklopädie"); für alles Ältere bietet das bibliographische „Handbuch der Geschichte der Philosophie II: Mittelalter" (Frankfurt a.M. 1973) von W. Totok vorzügliche Hilfen. Man vergleiche aber auch die z.T. ausführlichen Bibliographien über bestimmte mittelalterliche Denker und Bewegungen in den anschließend aufgeführten Übersichtsdarstellungen.

Allgemeine Übersichten über die mittelalterliche Philosophie

Grabmann, M., Die Geschichte der scholastischen Methode, I/II, Freiburg i.Br. 1909.1911

Geyer, B., Die patristische und scholastische Philosophie (= F. Überwegs Grundriß der Geschichte der Philosophie II), (1927) Basel 1967

Gilson, E. – Boehner, P., Christliche Philosophie von ihren Anfängen bis Nikolaus von Cues, Paderborn 1954

The Cambridge History of Later Greek and Earlier Medieval Philosophy, ed. A.H. Armstrong, Cambridge 1970

Hirschberger, J., Geschichte der Philosophie, 1. Altertum und Mittelalter, Freiburg i.Br. usw. [10]1976

Medieval Jewish Philosophy, ed. S.T. Katz, New York 1980

Evans, G.R., Old Arts and New Theology, Oxford 1980

The Cambridge History of Later Medieval Philosophy, ed. N. Kretzmann, A. Kenny and J. Pinborg, Cambridge 1982

Leaman, O., An Introduction to Medieval Islamic Philosophy, Cambridge 1985

Guttmann, J., Die Philosophie des Judentums, Wiesbaden 1985

Flasch, K., Das philosophische Denken im Mittelalter. Von Augustin zu Machiavelli, Stuttgart 1986

Marenbon, J., Later Medieval Philosophy, London 1987

Marenbon, J., Early Medieval Philosophy, London 1988

Heinzmann, R., Philosophie des Mittelalters (= Grundkurs Philosophie 7), Stuttgart 1992

Kandler, K.-H., Christliches Denken im Mittelalter bis zur Mitte des 14. Jahrhunderts, Leipzig 1993

Ausgewählte Spezialliteratur

Beckmann, J.P. (Hg.), Philosophie im Mittelalter. Entwicklungslinien und Paradigmen, Hamburg 1987

Behler, E., Die Ewigkeit der Welt. Problemgeschichtliche Untersuchungen zu den Kontroversen um Weltanfang und Weltunendlichkeit in der arabischen und jüdischen Philosophie des Mittelalters, München usw. 1965

Beierwaltes, W., Denken des Einen. Studien zur neuplatonischen Philosophie und ihrer Wirkungsgeschichte, Frankfurt a.M. 1985

Chadwick, H., Boethius, Oxford 1981

Duchrow, U., Christenheit und Weltverantwortung. Traditionsgeschichte und systematische Struktur der Zweireichelehre, Stuttgart (1970) ^{2}1983

Flasch, K., Aufklärung im Mittelalter? Die Verurteilung von 1277. Das Dokument des Bischofs von Paris, Mainz 1989

Gilson, E., Johannes Duns Scotus. Einführung in die Grundgedanken seiner Lehre, Düsseldorf 1959

Ders., Die Philosophie des hl. Bonaventura, Köln 1960

Heimsoeth, H., Die 6 großen Themen der abendländischen Metaphysik und der Ausgang des Mittelalters, Darmstadt ^{8}1987

Henrich, D., Der ontologische Gottesbeweis. Sein Problem und seine Gechichte in der Neuzeit, Tübingen ^{2}1967

Henry, D.P., The Logic of St. Anselm, Oxford 1967

Kelley, C.F., Meister Eckhart on Divine Knowledge, Yale 1977

Leaman, O., Arabic Thought and Culture. Moses Maimonides, London/New York 1990

Leff, G., Paris and Oxford Universities in the Thirteenth and Fourteenth Centuries, New York 1968

Lindberg, D.C. (Hg.), Roger Bacon's Philosophy of Nature, Oxford 1983

Miethke, J., Ockhams Weg zur Sozialphilosophie, Berlin 1968

Mojsisch, P., Meister Eckhart. Analogie, Univozität und Einheit, Hamburg 1983

Moody, A., Sudies in Mediaeval Philosophy, Science and Logic, California 1975

Rijk, L.M. de, Logica Modernorum I/II, Assen 1962.1967

Rudavsky, T., Divine Omniscience and Omnipotence in Medieval Philosophy, Dordrecht 1984

Schulze, W., Zahl, Proportion, Analogie. Eine Untersuchung zur Metaphysik und Wissenschaftshaltung des Nikolaus von Kues, Münster 1978

Southern, R.W., Saint Anselm. A Portrait in a Landscape, Cambridge 1990

Swanson, J., John of Wales, Cambridge 1989

Thorndike, L., University Records, New York 1944

Weisheipl, J.A., Thomas von Aquin. Sein Leben und seine Theologie, Graz usw. 1980

Welte, B., Meister Eckhart. Gedanken zu seinen Gedanken, Freiburg i.Br. usw. 1979

Zimmermann, A. (Hg.), Albert d.Gr. Seine Zeit, sein Werk, seine Wirkung, Berlin/New York 1981

Personen- und Sachindex